DAS WISSENSCHAFTSMUSEUM

Kerstin Viering und Roland Knauer

Das weiß doch der Geier

Unglaubliche Geschichten aus der Natur

W0058935

Roland Knauer,
geboren 1957, promovierte in Molekularbiologie, Virologie
und Immunbiologie. Seit 1989 arbeitet er als freier Journalist
und Fotograf u. a. für *Die Welt, FAZ, Tages-Anzeiger*
und *Der Tagesspiegel.*

Kerstin Viering,
1971 geboren, studierte Biologie und schreibt als
freie Wissenschaftsjournalistin u. a. für die *Berliner Zeitung,*
Frankfurter Rundschau und *Stuttgarter Zeitung.*

Als Autorenteam veröffentlichten Knauer & Viering
bisher mehr als zehn Sachbücher, außerdem
zahlreiche Beiträge für Lexika, Forschungsinstitute
und Naturschutzorganisationen.

Katja Wehner,
geboren 1976 in Dessau, studierte nach dem Abitur Illustration
und Buchkunst in Halle, Leipzig und Prag.
2002 erwarb sie ihr Diplom und war im Anschluss
Meisterschülerin an der Hochschule für Grafik und
Buchkunst in Leipzig. Seit 2004 ist sie
selbstständige Illustratorin.

Kerstin Viering und Roland Knauer

Das weiß doch der Geier

Unglaubliche Geschichten aus der Natur

Mit Illustrationen von
Katja Wehner

Arena

1. Auflage 2012
© Arena Verlag GmbH, Würzburg 2012
Alle Rechte vorbehalten
Illustrationen: Katja Wehner
Covergestaltung: Frauke Schneider
Gesamtherstellung: Westermann Druck Zwickau GmbH
ISBN 978-3-401-06378-2

www.arena-verlag.de

Inhalt

Unglaublich - aber wahr!

Wer kennt sie nicht, diese Geschichten, die einem niemand glaubt und die doch wirklich passiert sind. Wenn man zum Beispiel ein paar Hundert Meter eine Allee hinunterläuft und eine Kastanie sich genau den Kopf als Landeplatz aussucht. Dabei hätte das blöde Ding doch genauso gut auch ein paar Meter weiter vorn oder hinten aufprallen können. Aber nein, es schlägt einem eine Beule an den Schädel.

Gut, kann vorkommen. Wer sich aber in der Natur umschaut, entdeckt dort noch viel unglaublichere Geschichten. Und wer könnte diese besser erzählen als ein Seemann, der sein Leben lang auf den Weltmeeren unterwegs war? Wir sind diesem Seebären immer wieder begegnet. Bisher allerdings nur in unseren Gedanken. Aber vielleicht wohnt er ja wirklich irgendwo am Meer in einem kleinen Haus, das sich hinter einen großen Deich duckt. Sein Vorrat an fantastischem Erzählstoff ist jedenfalls unerschöpflich. Und auch wenn seine Storys oft ein bisschen abgedreht klingen, stimmen sie alle.

Nur bei den harten Nüssen haben wir zum Teil unsere eigene Fantasie spielen lassen. Am Ende jedes Kapitels gibt es so eine kleine Geschichte, die nach einer Erklärung verlangt. Drei Lösungen stehen gleich dabei. Nur eine davon stimmt allerdings – auch wenn oft alle gleich komisch klingen. Geknackt werden die harten Nüsse natürlich auch. Ganz am Ende des Buches nämlich. Und jetzt viel Vergnügen, nicht nur mit den Nüssen, sondern mit allen unglaublichen Geschichten.
Kerstin Viering und Roland Knauer

1

Kämpfer und Ungeheuer: Die Geheimnisse der Meere

Irgendwo an der Küste hinter dem großen Deich wohnt ein alter Mann, der nach vielen Jahren die Schiffsplanken gegen ein mit Schilfrohr gedecktes Häuschen eingetauscht hat. Statt auf den Mast und in die Takelage klettert er heute nur noch zur Ernte in seine Apfelbäume. Doch sein früheres Leben hat ihn nicht losgelassen. Wind, Sonne und Salz haben tiefe Spuren in sein Gesicht gezeichnet und durch seinen Kopf spuken unzählige Bilder und Erlebnisse aus fernen Ländern. Was seine grauen Augen alles gesehen haben, würde mehrere dicke Bücher füllen. Und nichts liebt er mehr, als von all seinen Abenteuern zu berichten. Stundenlang kann er davon erzählen und wird nicht müde, eine unglaubliche Geschichte nach der anderen auszupacken. Zufällig ist er an diesem Tag mit ein paar Spaziergängern ins Gespräch gekommen, die nun interessiert an seinem Gartenzaun lehnen. Schnell haben sie gemerkt, dass in diesem ungewöhnlichen Typen ein reicher Schatz an Geschichten schlummert. Na ja, genau genommen schlummern sie nicht, sondern sprudeln geradezu hinter dem dichten Zottelbart hervor. »Fast mein ganzes Leben war ich auf See«, erzählt er und seine Augen strahlen wie bei einem Kind, das für ein paar Minuten einen Ozeanriesen steuern darf. Das Meer liegt nicht nur vor dem hohen Deich, seine Wellen schwappen auch in jedem Satz des Seebären mit. »Also, Leute, dort draußen in den Meeren, da gibt es Sachen, die glaubt mir keiner!« Und schon gibt er die erste Geschichte von einem Krebs zum Besten, der sich als Revolverheld entpuppt.

Scheren hoch! Duell im Riff

So einem Pistolenkrebs sollte man besser nicht in die Quere kommen. Zumindest nicht als Fisch. Zwar ist das Krustentier nur ein paar Zentimeter lang und wirkt nicht sonderlich bedrohlich. Doch kann es jederzeit zur Schusswaffe greifen. Während eine seiner Scheren ganz normal aussieht, ist die andere nämlich zu einer Art Wasserpistole umgebaut. Feuern die kleinen Revolverhelden die ab, spritzt nicht nur ein Wasserstrahl heraus, es knallt auch gewaltig. Mit rund 200 Dezibel stellt ein schießender Pistolenkrebs sogar den Krach eines startenden Düsenjets in den Schatten. Bei einem Wettbewerb um den Titel »lautestes Tier der Welt« gehören die gepanzerten Meeresbewohner damit eindeutig zu den Favoriten. Das Getöse lässt sich perfekt dazu nutzen, um kleine Fische, Würmer oder Garnelen zur Strecke zu bringen. Der bewaffnete Jäger muss sich dazu nur an ein unvorsichtiges Opfer heranpirschen und ihm aus nächster Nähe ein paar Treffer mit seiner Unterwasserkanone verpassen. Schon hat die Wucht des Knalls die Beute betäubt. Wenn der Druck groß genug ist, kann so ein Schuss sogar Gewebe im Körper des Opfers zerstören und dadurch zum Tod führen.

Immer wieder legen die geschickten Schützen allerdings auch auf Artgenossen an. Zum Beispiel, wenn mehrere Männchen Interesse an einem Weibchen haben. Dann geht es manchmal zu wie im Wilden Westen: Zwei männliche Pistolenhelden versuchen, in einem Duell den Stärkeren zu ermitteln. Die Regeln sind dabei ziemlich einfach. Erstens: Wer aus seinem Schießeisen den mächtigeren Wasserstrahl abfeuert, hat gewonnen. Zweitens: Die Gegner müssen immer ein paar Zentimeter Sicherheitsabstand einhalten. Schließlich geht es nur darum, seinen Gegenspieler zu beeindrucken. Verletzt oder gar umgebracht werden soll er möglichst nicht. Zumal sich das Imponier-Geballer auch nicht immer nur an Rivalen richtet. Oft setzen es die Männchen auch ein, um sich für paarungsbereite Weibchen interessant zu machen. Und die sollten das Macho-Gehabe auf jeden Fall unbeschadet überstehen.

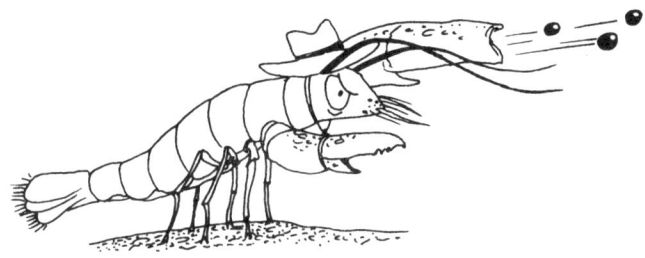

Pistolenkrebse als Störsender

Gelegenheiten, zur Waffe zu greifen, gibt es im Pistolenkrebs-Alltag also reichlich. Wo diese Tiere leben, ist es deshalb nie ruhig. Manche Arten der kleinen Unterwasserschützen sind in tropischen Korallenriffen zu Hause, andere im Mittelmeer oder vor der Küste Nordamerikas. Und überall liegt ein lautes Knistern und Knacken im Wasser, das sich anhört wie das Verbrennen von trockenen Ästen oder das Platzen von Popcorn.

Für Marineoffiziere und Meeresforscher ist diese Geräuschku-
lisse ein Albtraum. Denn die Sonargeräte, mit denen man zum
Beispiel feindliche U-Boote aufspüren oder den Meeresgrund
erkunden kann, lassen sich von dem Geknalle leicht in die Irre
führen. So mancher Marineoffizier hat lange darüber gegrü-
belt, welche unbekannte Störwaffe der Gegner wohl installiert
haben könnte, um die feindliche Technik außer Gefecht zu
setzen. Erst während des Zweiten Weltkriegs haben US-amerikanische Militärs entdeckt, dass die verdächtigen Geräusche
vor der kalifornischen Küste nicht vom Feind kamen, sondern
von schießenden Krebsen.
Damit hatten die kleinen Krustentiere allerdings noch längst
nicht alle ihre Geheimnisse verraten. Erst im Jahr 2000 haben deutsche und holländische Wissenschaftler zum Beispiel
herausgefunden, wie die Meeresschützen ihren gewaltigen
Lärm überhaupt erzeugen. Lange hatte man vermutet, dass
sie dazu einfach die beiden Hälften ihrer Knallschere zusam-
menschnappen lassen. In Wirklichkeit ist der Trick aber viel
raffinierter. Der Schnappmechanismus der Schere ist nämlich
nur dafür zuständig, einen möglichst schnellen Wasserstrahl
abzufeuern. Wenn der genügend Tempo hat, bilden sich darin

kleine Luftblasen, die anschließend laut knallend wieder in sich zusammenstürzen. Und damit nicht genug: Es blitzt auch noch. In den einfallenden Blasen wird es mehr als 4700 Grad Celsius heiß und sie senden für einen ganz kurzen Moment Licht aus. Der Blitz ist zwar so schnell wieder vorbei, dass man ihn mit bloßem Auge nicht sehen kann. »Trotzdem steht fest, dass die kleinen Meeresschützen auch noch die Leuchtmunition erfunden haben«, beendet der Seebär seine erste unglaubliche Geschichte. Bei der es natürlich nicht bleibt. Schließlich hat der bärtige Erzähler gemerkt, wie gut seine Pistolen-Story bei den Zuhörern angekommen ist. Und einem interessierten Publikum hat er noch nie widerstehen können.

Karate unter Wasser

»Da draußen gibt es Tiere, die es mit jedem Kung-Fu- oder Karatekämpfer aufnehmen können«, raunt er geheimnisvoll und lässt zur Demonstration seine Handkante durch die Luft sausen. Seine Zuhörer heben skeptisch die Augenbrauen, doch er lässt sich nicht beirren: »Ich hab das zwar selbst nie gesehen, aber die Meeresbiologin Ingrid Visser vom Orca Research and Education Centre in Tutukaka in Neuseeland, die war ein paarmal dabei!« Der Seebär blättert nämlich am Abend gern in den Fachzeitschriften der Meeresbiologen. Und dort hat Ingrid Visser Szenen beschrieben, die verdächtig an asiatische Kampfkunst erinnern.

Wenn die Forscherin in ihrem knapp sechs Meter langen Boot vor der neuseeländischen Küste unterwegs ist, fühlt sie sich manchmal wie in einen Action-Film versetzt. Hauptdarsteller sind die bis zu acht Meter langen und neun Tonnen schweren Orcas, die auch als Schwertwale bekannt sind. Wenn sich diese schwarz-weißen Meeresjäger einen Hai vornehmen, hat der meistens nichts mehr zu lachen.

Der Jäger wird gejagt

Lange hatte kein Wissenschaftler geahnt, dass die gefährlichen Raubfische auch selbst zur Beute werden. So ein großer Hai ist schließlich nicht nur extrem flink und wendig, er hat auch ein Gebiss wie ein Sägeblatt, mit dem er auch viel größere Tiere leicht in Fetzen reißen kann. Ein kampferprobter Orca aber lässt sich davon nicht ins Bockshorn jagen. Für einen Fleischfresser wie ihn ist so ein Hai schließlich eine interessante Beute. Und er weiß genau, wie man die zur Strecke bringt, ohne gebissen zu werden.

Zunächst schwimmt er dazu dicht unter den Hai und schlägt mit seiner Schwanzflosse kräftig nach oben. Dabei entsteht ein gewaltiger Wasserwirbel, der den Gegner bis an die Oberfläche schleudert, ohne dass der Schwertwal ihn auch nur berührt hätte. Der überraschte Hai taucht wieder ein wenig ab und sucht unter sich vergebens nach einem Angreifer. Der Orca aber ist schon längst um ihn herumgeschwommen. Über sich vermutet der Hai natürlich keine Gefahr. Praktisch aus einem »toten Winkel« greift der Orca nun erneut an. Diesmal hebt er seine Schwanzflosse hoch aus dem Wasser und donnert ihre schmale Seite in einer Art Karateschlag blitzschnell auf sein Opfer. Die Wucht dieser Attacke raubt dem Hai anscheinend das Bewusstsein. Jedenfalls treibt er regungslos, oft mit dem Bauch nach oben an der Wasseroberfläche. Für den Orca ist er jetzt eine völlig wehrlose Beute.

Karate im Unterricht

Diese Technik verlangt viel Übung. »Immerhin sieht der Orca beim entscheidenden Schlag den Hai gar nicht, er schlägt also blind«, erklärt Ingrid Visser. Die kleinen Orcas lernen diese Überraschungsjagd daher beinahe wie im Schulunterricht: Ein erwachsener Lehrer schlägt dazu erst mal einen Hai bewegungsunfähig. An diesem lebenden, aber ungefährlichen Objekt übt dann der Nachwuchs. Die kleinen Orcas sind eifrig bei der Sache und beherrschen den Karatetrick bald ziemlich gut. Nur fehlt ihnen noch die Kraft ihrer ausgewachsenen Artgenossen. Daher klingt ihr Karateschlag eher wie ein »Ping«, während bei den Erwachsenen ein mächtiges »Päng« auf den Hai niederdonnert. Mit diesem Schlag erwischt ein geübter Orca sogar einen ausgewachsenen Fuchshai, der sechs Meter lang sein kann und 350 Kilogramm Gewicht auf die Waage bringt.

Ist mir schlecht!

Solche Geschichten von furchtlosen Kämpfern im Ozean, die liebt der alte Seemann. »Genau wie so mancher berühmte Seeheld oder Pirat«, hier hüstelt der Erzähler, denn mit Piraten hat er nun wirklich nichts am Hut, »haben aber auch Meeresbewohner so ihre Schwächen.« Die fragenden Blicke seiner Zuhörer beantwortet er zunächst mit einer Story, die auch in den Geschichtsbüchern steht: »Der britische Admiral Horatio Nelson litt sein Leben lang furchtbar unter der Seekrankheit.« Bei diesem Satz nickt der Seebär mitfühlend. Denn er hat durchaus seine eigenen Erfahrungen mit einem rebellierenden Magen gemacht. Und auf die hätte er gut verzichten können. Der britische Seeheld aber war schlimmer dran. In vier bedeutenden Seeschlachten schaffte es Horatio Nelson zwar, die Weltgeschichte ein wenig zugunsten seines Heimatlandes zu verändern. Dabei verlor er allerdings die Sehkraft seines rechten Auges und seinen rechten Arm bis zur Schulter. Und sobald sein Flaggschiff anfing, sich in den tosenden Wellen zu heben und zu senken, wurde ihm jedes Mal kotzübel. Damit war er allerdings nicht allein. Denn nicht nur Menschen hängen bei hohem Wellengang regelmäßig über der Reling oder Toilettenschüssel. »Selbst Fische können seekrank werden«, behauptet der alte Seebär. Und trotz der ungläubigen Gesichter seiner Gäste kann er auch in diesem Fall Wissenschaftler als Kronzeugen aufrufen.

Fallende Steine

Was hinter der Seekrankheit steckt, wissen Mediziner recht genau. Wie jeder Mensch hatte nämlich auch Admiral Nelson ein Gleichgewichtsorgan im Ohr. Dort gibt es kleine Kalkbröckchen, die ringsum von Nervenzellen umgeben sind. Diese Steinchen werden von der Schwerkraft nach unten gezogen, können aber nicht fallen, da sie ja im Ohr eingeschlossen sind. Also drücken sie auf die Nervenzellen, die sich zwischen ihnen und dem Mittelpunkt der Erde befinden. Genau dort muss also unten sein. So unterscheidet der Körper »unten« und »oben«. Wenn der Wecker neben dem Bett schrillt, weiß der Schläfer also sofort, wohin er seine Beine stellen muss, um aufzustehen.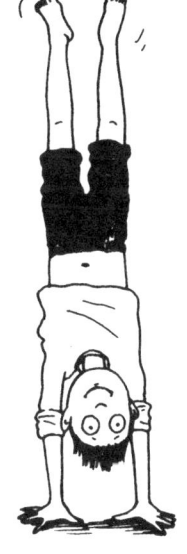

Das Gleichgewichtsorgan funktioniert fast immer hervorragend. Sogar beim Handstand meldet es, dass der Kopf jetzt unten ist. Sobald ein Schiff aber kräftig in den Wellen rollt, ist der Gleichgewichtssinn überfordert. Denn die Steinchen drücken erst auf die Nervenzellen schräg rechts und auf der anderen Seite der Welle dann nach schräg links unten. Und das, obwohl der Mensch selbst sich gar nicht bewegt, nur das Schiff, auf dem er steht, wackelt. Fasst der Körper die Eindrücke seiner Sinnesorgane zusammen, scheint unten jetzt nicht mehr unten zu sein, sondern schräg zur Seite wegzugleiten. Das aber kann eigentlich nicht sein. Eine Zeit lang verkraftet der Organismus solche Widersprüche zwar. Vielen Menschen aber setzen ihre zur Seite fallenden Steinchen nach einiger Zeit so zu, dass ihnen genau wie Admiral Nelson der Brechreiz in die Kehle steigt. Hoffentlich ist dann ein Eimer oder die Reling in erreichbarer Nähe.

Tückische Bewegungen

Unser Körper ist eben auf die Bewegungen eines Schiffes genauso wenig eingerichtet wie auf ein Auto, das im Gebirge laufend enge Kurven fährt, oder auf die Schwerelosigkeit im Weltraum. Und prompt wird es den Passagieren schlecht. Nicht allen übrigens. Aber vielen auf Schiffen, wenigen im Auto und fast allen im Weltraum. Dort melden die Steinchen und die Nervenzellen nämlich die absurde Situation »es gibt kein unten mehr«. Da wundert es nicht, wenn fast alle Astronauten weltraumkrank werden. Erst nach ein paar Tagen haben sie sich an die Schwerelosigkeit gewöhnt und können unbelastet von Übelkeit und Schwindelgefühlen an die Arbeit gehen. Der Dienstplan sieht daher in den ersten Tagen nur einfache Aufgaben vor. Weltraumspaziergänge im Raumanzug kommen zum Beispiel nicht infrage. Wenn sich ein Astronaut in seinen engen Helm übergibt, kann er nämlich leicht am fein verteilten, schwebenden Erbrochenen ersticken. »Es sind allerdings nicht nur Menschen, die mit den Tücken der Schwerelosigkeit zu kämpfen haben. Fische zum Beispiel besitzen ein ganz ähnliches Gleichgewichtsorgan – und das macht ihnen manchmal genauso zu schaffen wie einem As-

tronauten. So haben Wissenschaftler Buntbarsche in einem Flugzeug mitfliegen lassen, das erst steil in die Höhe stieg und dann in einem Sturzflug wieder nach unten sauste. Bei so einem Manöver ist die Schwerkraft in der Kabine für kurze Zeit aufgehoben. An dieser Situation hatten die Fische offenbar nicht viel Spaß: Manche schwammen torkelnd durch ihr Aquarium oder drehten sich andauernd im Kreis. Und manchen wurde auch richtig schlecht: »Auch Fische können sich übergeben«, bestätigt der alte Seebär naserümpfend.

Im Meer passiert ihnen das normalerweise nicht. Wenn ein Sturm die Wellen aufpeitscht, ziehen sie sich einfach in größere Tiefen oder in ein sicheres Versteck zurück, wo das Wasser ruhiger ist. Werden sie aber gefangen und schwimmen danach in einem Aquarium an Bord eines Schiffes, können sie nicht ausweichen. Und dann erwischt Admiral Nelsons Übel auch die Wasserbewohner.

Ein Karussell aus Plastik

Der alte Seemann hat schon etliche Menschen kennengelernt, die wegen ihres empfindlichen Magens nie ein Schiff betreten wollten. Die tun ihm immer leid, weil sie so viele tolle Erlebnisse verpassen. In solchen Fällen empfiehlt er dann zumindest einen Strandspaziergang. Denn der bietet nicht nur Meeresluft und Wellenrauschen, man kann dabei auch interessante Entdeckungen machen. Zum Beispiel ganz im Norden der USA. »An den Küsten des für seine eisigen Temperaturen bekannten Alaska gibt es durchaus schöne Strände«, erinnert sich der weitgereiste Erzähler an eine seiner letzten Fahrten in den hohen Norden. Weil das Wasser zu kalt ist, kommen die wenigsten Menschen allerdings zum Baden dorthin. Eher suchen sie Schuhe, Plastikenten und Legobausteine, die immer wieder dort angeschwemmt werden. Allerdings braucht man schon eine gehörige Portion Glück, um tatsächlich passendes Schuhwerk zu finden. Wer endlich einen linken 37er Schuh entdeckt hat, findet als Ergänzung vermutlich nur einen rechten mit Größe 44. Macht aber nichts, wozu gibt es schließlich Internet. Dort bringen Tauschbörsen die Paare wieder zusammen, nach dem Motto: »Biete rechten Schuh der Marke ›Weiß-der-Teufel-auch‹ in Größe 44, erwarte im Gegenzug einen solchen Schlappen rechts in Größe 37.«

Plastikenten und Eishockey-Handschuhe

Die Chancen für einen solchen Tausch stehen zumindest seit dem 27. Mai 1990 gar nicht so schlecht. Denn an diesem Tag stürmte es wieder einmal vor der Küste Alaskas. Das Frachtschiff *Hansa Carrier* rollte bedenklich in den meterhohen Wellen. Als der nächste Schlag der tobenden Elemente das Schiff

traf, rissen einige Taue. Danach rutschten fünf Container von Deck, in denen insgesamt 61 000 Turnschuhe steckten. Seither treiben diese Treter zusammen mit einigen anderen ungewöhnlichen Schwimmern im Pazifik.

Die meisten dieser Schiffbrüchigen stammen von ähnlichen Unfällen. Am 10. Januar 1992 geriet zum Beispiel ein chinesischer Frachter auf der Fahrt in den Hafen Tacoma an der Pazifikküste der USA auf hoher See in einen schweren Sturm. Diesmal gingen drei Container mit Plastikspielzeug über Bord. Seitdem tummeln sich auch gelbe Enten, grüne Frösche, blaue Schildkröten und rote Biber im Pazifik, alles natürlich aus Plastik. Im gleichen Jahr verlor das Schiff *Tokio Express* auch noch eine Ladung Lego-Spielzeugfiguren im Pazifik. Und dann fielen vom Frachtschiff *Hyundai Seattle* im Jahr 1994 Container mit rund 34 000 Eishockey-Handschuhen ins Wasser.

Neugierige Forscher

Ungefähr alle drei Jahre treiben seither einzelne Teile dieser schiffbrüchigen Fracht wieder an die Strände Alaskas. Und diese Fundstücke liefern nicht nur Material für Internet-Tauschbörsen, sondern beschäftigen auch so manchen Naturwissenschaftler. Die Forscher wittern nämlich eine preiswerte Methode, mithilfe der Plastikfrösche und Turnschuhe mehr über die immer noch geheimnisvollen Strömungen in den Weltmeeren herauszufinden. Die erste Erkenntnis ist so banal wie aufregend: Wenn dieselben Eishockey-Handschuhe alle drei Jahre an der Küste von Alaska vorbeischwimmen, muss es im Nordpazifik ein riesiges Wasserkarussell geben, das sich in etwa drei Jahren einmal dreht.

Dieser gigantische Pazifik-Wirbel reicht vom nordamerikanischen Festland bis nach Hawaii. Und er treibt nicht nur Plastikbiber und Legobausteine durch die Fluten, sondern insgesamt rund hundert Millionen Tonnen Kunststoffmüll. Das entspricht dem Inhalt von vier Millionen Containern und kann daher unmöglich von den wenigen bekannten Schiffshavarien kommen. Da es fünf weitere solche Müllstrudel in den Weltmeeren gibt, die zum Beispiel im Nordatlantik oder im Indischen Ozean kreisen, untersuchen die Forscher seither nicht nur die Strömungen, sondern auch die Herkunft des Plastiks, das oft schon ganz zerbröselt und zerfallen ist.

Tüten und Flaschen

Eines stand für die Forscher rasch fest: Der Plastikmüll im Meer besteht genau aus jenen Kunststoffen, die auf der Erde am häufigsten verwendet werden. Und das ist kein Wunder. In den Ozeanen landen ja nicht nur Plastikflaschen oder Joghurtbecher, die über die Reling von Schiffen fliegen. Auch wenn Badeurlauber Flaschen und Tüten am Strand liegen lassen, holen die Wellen sie bald ins Meer. Städte und Dörfer an der Küste entsorgen ihren Müll ebenfalls gern in Richtung Wasser. Der größte Teil des Nachschubs für die Müllwirbel aber scheint Plastikabfall zu sein, der weit im Binnenland irgendwo achtlos weggeworfen wurde. Mit dem Regen kommen diese Teile in die Bäche und Flüsse und landen dann irgendwann im Meer.

Strömungen verteilen den Müll dort weiter. Gleichzeitig macht das ultraviolette Sonnenlicht das Plastik porös, die Wellen zerlegen dann alles rasch in kleine Teile. Übrig bleiben winzige

Plastikreste, die oft viel kleiner als ein Millimeter sind und die Forscher nur noch unter dem Mikroskop entdecken können.

Diese Abfälle sind für viele Meeresbewohner tödlich oder zumindest sehr schädlich. Tiere schlucken nämlich nicht nur diese Miniteilchen, sondern auch größere Reste von Plastikabfall. Verstopft der Müll dann Magen und Därme, können Schildkröten, Delfine, Seevögel und Fische jämmerlich daran zugrundegehen. Die achtlos beim Picknick am Fluss weggeworfene Plastikflasche kann also Tausende Kilometer weiter einem Albatros das Leben kosten.

Monsterwellen

Diese Albatrosse sind eindrucksvolle Vögel. Mehr als dreieinhalb Meter messen die größten Arten von Flügelspitze zu Flügelspitze. Das ist zwar immerhin die Länge eines Kleinwagens. Wenn man so einen Riesenvogel über einer stürmischen See kurven sieht, wirkt er aber dennoch recht klein. Denn die Wellen sind oft doppelt so hoch wie die Spannweite des Albatros und erreichen mit sieben Metern die Höhe eines Einfamilienhauses bis zum Dachfirst. Ein echter Seebär lässt sich davon natürlich noch nicht beeindrucken: »Damals, vor Kap Hoorn, da waren die *Wellen* zwölf Meter hoch!«, murmelt er dramatisch und holt weit mit den Händen aus. Seine Zuhörer grinsen – das ist immerhin die Höhe eines vierstöckigen Hauses mit Flachdach. Doch der alte Mann zuckt nur mit den Schultern, denn so unglaublich es auch klingt, er spinnt wirklich kein Seemannsgarn.

Kaventsmänner

Der Erzähler ist inzwischen richtig in Fahrt gekommen und nimmt seine Zuhörer mit auf eine weite Reise. Vom sandigen Weg vor seinem Gartentor entführt er sie in Gedanken zur sturmumtosten Südspitze von Südamerika. Dieses Kap Hoorn ist unter Seeleuten immer für eine abenteuerliche Geschichte gut. Und der alte Mann in seinem Vorgarten macht da keine Ausnahme: »Wie ein Hochhaus standen diese Monsterwellen plötzlich über dem Schiff. Mann, das waren echte Kaventsmänner, also ehrlich!« Ein zehnstöckiges Hochhaus aber ist dreißig Meter hoch. So nett der Seebär auch erzählt, jetzt geht wohl doch die Fantasie mit ihm durch. Davon waren lange Zeit auch die Wissenschaftler überzeugt. Höher als 15 Meter türmt auch der stärkste Sturm keine Welle auf, waren sich die Forscher absolut sicher.

Das änderte sich 1995, als ein automatisches System auf der norwegischen Bohrinsel Draupner-E eine 26 Meter hohe Welle in der Nordsee maß. Ein Dreivierteljahr später räumte ein weiterer Kaventsmann die letzten Zweifel an der Existenz von Monsterwellen aus. Am 11. September 1995 traf er mitten im Atlantik das Luxusschiff *Queen Elizabeth 2* auf der Fahrt nach New York. Am 22. Februar 2001 war mit der *Bremen* dann auch ein deutsches Kreuzfahrtschiff an der Reihe: Eine 30 Meter hohe Monsterwelle überspülte im Atlantik vor der Küste Argentiniens, gar nicht so weit von Kap Hoorn entfernt, dieses mehr als 100 Meter lange Schiff und zertrümmerte ganz oben eine Scheibe der Brücke. Das Salzwasser setzte die Elektronik und Elektrik durch Kurzschlüsse außer Gefecht und legte so auch die Maschinen im Maschinenraum lahm. Völlig manövrierunfähig trieb das Schiff rund eine halbe Stunde im stürmischen Ozean umher. Erst als die Besatzung eine Hilfsmaschine anwerfen konnte, ließ sich die *Bremen* wieder notdürftig steuern. Vier Tage später wurde das schwer beschädigte Schiff dann in den Hafen von Buenos Aires geschleppt.

Was ist Seemannsgarn?

Der alte Seebär hat seine 30-Meter-Wellen also keineswegs erfunden. Aber wieso haben Wissenschaftler diese Kaventsmänner so lange nicht zur Kenntnis genommen? Das liegt wohl daran, dass Schiffsbesatzungen tatsächlich immer gern Seemannsgarn gesponnen haben. So nannte man es früher, wenn die Matrosen bei ruhigem Wetter die Leinen an Bord umwickelten, um sie vor dem aggressiven Salzwasser zu schützen. Das war ein stinklangweiliger Job und die Männer hatten viel Zeit, sich Geschichten zu erzählen. Und oft artete es in einen Wettbewerb um die fantastischste Story aus. Also begannen die Seeleute, alles ein bisschen zu übertreiben und auszuschmücken. Und dann noch ein bisschen mehr. Bis schließlich aus einem großen Tintenfisch mit vielleicht einem Meter Durchmesser ein Seeungeheuer wurde, das Schiffe und Besatzungen in die Tiefe zog.

So wurden die Monster in den Erzählungen größer und größer, die Stürme immer stärker und die Wellen immer höher. Bald konnten die Zuhörer Realität und Fantasie kaum noch auseinanderhalten. Dabei passierte es natürlich leicht, dass eine Landratte auch die nackte Wahrheit für pure Übertreibung hielt. Auf dem Dorfteich peitscht schließlich auch der schlimmste Sturm keine meterhohen Wellen auf. Die Zehn-

Meter-Wellen auf dem Meer hält der Dorfbewohner daher erst einmal für, na ja, Seemannsgarn eben. Dabei kämpft sich ein Schiff, wenn es dreimal um Kap Hoorn segelt, im Durchschnitt wohl einmal tatsächlich durch solche hohen Wellen.

Mit der Gischt von Kap Hoorn gewaschene Seebären wissen das natürlich. Eine echte Monsterwelle aber ist ein anderes Kaliber. So eine Wasserwand von 25 oder 30 Metern Höhe haben vielleicht auch viele Seeleute gesehen. Die wenigsten von ihnen aber überlebten die Begegnung, weil die Schiffe solchen Kräften einfach nicht gewachsen waren. Und die Erzählungen der wenigen Überlebenden wurden als Seemannsgarn abgetan. Bis dann eben am Ende des 20. Jahrhunderts größere und bessere Schiffe auch die Monsterwellen überstanden. Die Schäden an der Schiffsbrücke in 30 Metern Höhe ließen sich nicht mehr wegdiskutieren. Genauso wenig wie die Bilder der Satelliten, die solche Kaventsmänner inzwischen tatsächlich beobachtet haben.

Die Wiegen der Kaventsmänner

Als ihre Existenz erst einmal bewiesen war, fanden Physiker und Meereswissenschaftler auch schnell heraus, wie diese Monsterwellen entstehen. So breiten sich lange Wellen schneller aus als kurze. Eine schnelle Welle überholt jedoch eine langsame nicht, sondern beide überlagern sich und bilden zusammen ein deutlich höheres Wassergebirge. Riesige Wellen können aber auch entstehen, wenn sich die Dünung eines längst abgeflauten Sturms mit den frisch aufgepeitschten Wellen eines neuen Sturms überlagert, der aus einer anderen Richtung pfeift.

Einige Kaventsmänner werden auch geboren, wenn die Wellen eines Sturms gegen eine Meeresströmung auflaufen. Das kommt zum Beispiel gelegentlich an der Küste des Indischen Ozeans unmittelbar nordöstlich der Südspitze Afrikas vor, die als »Kap der Guten Hoffnung« auf den Karten eingezeichnet ist. Dort sind bereits so einige Schiffe den Monsterwellen zum Opfer gefallen. Eine weitere Monsterwellen-Hochburg ist natürlich Kap Hoorn mit seinen häufigen Stürmen.

Aber auch im Golf von Mexiko entstehen Monsterwellen. Dort peitschte der Hurrikan Ivan im September 2004 die Wellen bis zu einer Höhe von 27,7 Metern auf. Für die Messung mit modernen Geräten direkt im Meer bedeutet das einen Weltrekord. Allerdings ärgern sich die Forscher noch heute gewaltig über die Bahn des Hurrikans: Seine stärksten Winde stürmten rund 30 Kilometer an ihren Messeinrichtungen vorbei. Dort hatte Ivan wohl Wellen von mehr als 40 Metern Höhe aufgetürmt. Aber das ist eben nur geschätzt und taugt daher nicht für einen Eintrag ins Guinness-Buch der Rekorde.

Wissenschaft mit Modellbauschiffen

Mit solchen Kaventsmännern vor Augen grübeln die Reedereien natürlich, wie sie ihre Schiffe monsterwellentauglich machen können. Auf dem Meer kann man das ja kaum austesten, schließlich würde man Schiff und Mannschaft riskieren. Den Verlust eines menschenleeren Modellschiffes im 1:50- oder 1:80-Maßstab aber kann ein Ingenieur wie Günther Clauss schon eher verkraften. Auf diese Modelle lässt der Forscher im 80 Meter langen, vier Meter breiten und zwei Meter tiefen Wellenkanal der Technischen Universität Berlin maßstabsgetreue Monsterwellen los und schaut, was passiert.

Das Ergebnis seiner platschenden Experimente klingt ganz

einfach: Die Schiffe brauchen ein dickeres Hinterteil und dieses Heck muss auch noch stärker belastet sein als der Bug vorn. Wenn ein Schiff also auf seinem Hintern sitzt, wirft eine Monsterwelle es längst nicht so leicht um. Baut man dann auch noch die Brücke eines Schiffes so sicher, dass unerwartet hohe Wellen die Fenster nicht zerstören können, lassen sich auch Unfälle wie bei der *Bremen* vermeiden. Kann an keiner Stelle Wasser eindringen, gibt es auch keine Kurzschlüsse und Maschinen und Schiff lassen sich weiter steuern. »Da hätte man auch schon früher drauf kommen können«, brummt der Seebär in seinen Bart. »Aber auf mich hört ja wieder keiner!«

Gebirge unter Wasser

Trotz aller Übertreibungen verbirgt sich also auch viel Wahres in jahrhundertealten Seefahrer-Geschichten. Alles darf man aber natürlich auch nicht glauben. »Kennt ihr eigentlich die riesigen Berge aus Magnetgestein, die auf keiner Seekarte verzeichnet sind?« Der alte Seemann wiegt nachdenklich den Kopf und schmunzelt in seinen Bart: »Seit die modernen Schiffe aus bestem Stahl bestehen, werden sie so stark von diesen Bergen angezogen, dass dort schon einige zerschmettert wurden«. Nein, also das kann nun wirklich nicht sein. Die Zuhörer schütteln misstrauisch die Köpfe. Und diesmal haben sie sogar ein bisschen recht. Berge im Meer gibt es ja tatsächlich, das wissen selbst die Landratten. Auch sind bereits viele Schiffe an Klippen zerschellt. Die gefährlichen Magnetberge aber haben sich frühere Seefahrer-Generationen ausgedacht, um sich das Verhalten ihrer Kompasse zu erklären. Die europäischen Kapitäne kannten seit dem 12. Jahrhundert die Magnetnadel, die immer so ungefähr nach Norden weist. Wie macht sie das? Klar: Hoch oben im Norden musste ein riesiger Magnet liegen, der noch auf Tausende von Kilometern Entfernung die Nadel anzog und ausrichtete. Das konnte eigentlich nur ein gigantischer Magnetberg sein, der irgendwo hinter dem unpassierbaren Gürtel aus Packeis aus dem Meer ragen sollte. Dachte man zumindest. Tatsächlich steckt der Riesenmagnet allerdings tief im Inneren der Erde – und Schiffe kann er dort nicht hinunterziehen.

Seeungeheuer in der Gebirgsschlucht

Auch die nächste Geschichte des alten Seebären lässt die Zuhörer erst einmal die Stirn runzeln. »Tief unter Wasser gibt es riesige Gebirge mit Gipfeln und Schluchten, in denen gigantische Ungeheuer jagen, die größer als manches Schiff sind«, erklärt er allen Ernstes. Solange er nicht auch noch behauptet, dass diese Seeungeheuer schon manches Schiff mitsamt der Besatzung verschlungen hätten, haben moderne Naturwissenschaftler gegen diese Erzählung auch keine Einwände.

So zieht sich auf der Südinsel Neuseelands ein auch im Sommer noch manchmal schneebedeckter Gebirgszug mit mehr als 2500 Meter hohen Gipfeln gut hundert Kilometer an der Pazifikküste entlang. Nach einer kleinen Stadt mit nur 2000 Einwohnern werden diese Berge »Kaikoura Ranges« genannt. Diese wilde, zerklüftete Land-

schaft endet nun keineswegs an der Küste, sondern setzt sich
unter Wasser fort: Nicht einmal zwei Kilometer vor der Küste
fällt bei Kaikoura der Meeresboden steil zu einer 1600 Meter
tiefen Schlucht ab. Weil durch diese Schlucht eine eiskalte
Wasserströmung aus der Antarktis entlangschießt, die reichlich Nährstoffe und Futter mit sich treibt, leben dort sehr viele
Meerestiere und wohl auch gigantische Tintenfische. Schon
mehr als einmal sind den Fischern vor Neuseeland jedenfalls
solche Riesen in die Netze gegangen. Oft sind die gewaltigen
Weichtiere aus der Tiefe deutlich länger als zehn Meter.

Diese Riesentintenfische wiederum sind die Lieblingsspeise
der Pottwale, von denen einige immer in der Unterwasser-
schlucht vor Kaikoura patrouillieren. Mit bis zu 50 Tonnen
bringen diese Meeressäuger das Gewicht eines Eisenbahn-Gü-
terwaggons auf die Waage. Und mit einer Länge von 18 Metern sind sie so groß wie ein schwerer Lastwagen mit Anhän-
ger. In der Schlucht vor Kaikoura liefern sich diese Kolosse
offensichtlich furchtbare Kämpfe mit den Riesenkraken. Das
beweisen die gigantischen Narben der Verletzungen durch
Tintenfisch-Saugnäpfe auf der Pottwal-Haut.

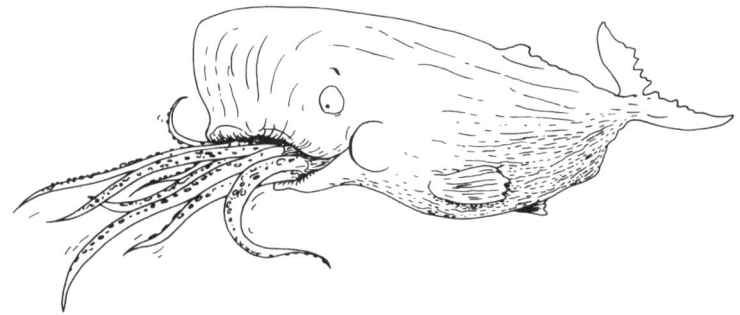

Harte Nüsse 1

Über die Tintenfisch-Verwandtschaft gibt es ohnehin die faszinierendsten Geschichten. Doch nicht alles, was erzählt wird, muss auch stimmen. Riesensepien zum Beispiel sind große Meeresbewohner, die vor den Küsten Australiens leben und mehr als zehn Kilogramm schwer werden können. Allerdings wächst nicht jedes Exemplar zu so stattlichen Ausmaßen heran. Kleinere und schwächere Männchen aber haben ein echtes Problem: Die größere Konkurrenz will sie nicht in die Nähe der Weibchen lassen und vertreibt sie immer wieder. Wie kommen die Tiere trotzdem an eine Partnerin?

a) Sie verkleiden sich als Weibchen und schleichen sich so unbemerkt an den Rivalen vorbei.

b) Sie hüllen sich in eine Rüstung aus Muschelschalen, um die Angriffe stärkerer Artgenossen abzuwehren.

c) Sie benutzen einen Stein als Keule, um die Konkurrenz außer Gefecht zu setzen.

Die Lösung steht auf Seite 178.

2

Land in Sicht: Inseln und Küsten

Das Meer scheint einen geradezu unerschöpflichen Vorrat an Geschichten bereitzuhalten. Doch der alte, wettergegerbte Mann vor dem kleinen Häuschen hinter dem Deich hat nicht nur unglaubliche Storys über Wasser, Gischt und Wellen auf Lager. »Wenn ihr mehr hören wollt, kommt erst mal rein«, sagt er und öffnet einladend das Gartentor.

»Ihr Landratten versteht das Gefühlsleben von uns Seeleuten ja oft nicht so richtig«, schmunzelt er, als seine Zuhörer es sich auf ein paar Stühlen in seinem Wohnzimmer bequem gemacht haben. »Es ist ja so: Hat ein echter Seebär festen Boden unter den Füßen, scheint ihn eine geheimnisvolle Kraft immer wieder aufs Meer hinauszuziehen. Auf hoher See sehnt er sich dann aber doch wieder nach dem Land.«

Mag die Küste, an der das Schiff anlegt, auch Tausende Kilometer von der Heimat entfernt sein, die Kneipen im Hafen erkundet fast jeder Seemann. Schließlich gibt es dort nicht nur allerhand interessante Getränke. Die Einheimischen erzählen auch ganz andere Geschichten. »An fremden Küsten und auf fernen Inseln hört man immer die unglaublichsten Sachen«, brummt der Seebär in seinen Bart. »Mann, Mann, Mann!« Da haben Affen die Salzkartoffeln und Vögel die Echo-Ortung erfunden, Inseln tauchen aus dem Meer auf und versinken wieder in den Fluten. Kann das alles wirklich stimmen? Die

Zuhörer rutschen auf den Stühlen umher und lassen ein ungläubiges Murmeln hören. Jetzt tischt der Gastgeber ihnen bestimmt ein paar Märchen auf. »Nee«, knurrt der erfahrene Reisende: »Das stimmt alles. Wurde alles von Wissenschaftlern überprüft und für richtig befunden!«

Wie die Affen die Salzkartoffeln entdeckten

Manchmal staunen selbst die Forscher über ihre Beobachtungen. Auf der Insel Koshima im Süden Japans haben sie zum Beispiel entdeckt, dass Affen genauso begeistert neue Gerichte ausprobieren wie menschliche Köche. Einer der dortigen Rotgesichts-Makaken kann sogar den Titel »Erfinder der Salzkartoffel« für sich beanspruchen.

»Die Geschichte begann in den 1950er-Jahren«, erinnert sich der alte Seebär. Damals legten Wissenschaftler Süßkartoffeln an den Insel-Strand, um die Affen anzulocken. Die Leckerbissen kamen gut an, die Zahl der vierbeinigen Süßkartoffelfans wuchs ständig. Einen Haken hatte die neue Kost allerdings: Immer klebte Sand daran, der unangenehm zwischen den Zähnen knirschte. Deswegen auf die Delikatesse zu verzichten, kam aber für die Affen nicht infrage. Dazu schmeckten die Dinger einfach zu gut. Notgedrungen fraßen die Tiere ihre Kartoffeln also ein Jahr lang mit Sand zwischen den Zähnen.

Dann aber hatte ein Weibchen einen Geistesblitz: Es tauchte die sandige Knolle einfach ein paarmal in einen Bach – offenbar mit überzeugendem Ergebnis. Denn mit der Zeit gingen immer mehr seiner Gefährten zum Kartoffel-Waschen über. Später kam ein bequemer Affe auf die Idee, die Knolle nicht erst bis zum Bach zu tragen, sondern gleich am Strand ins salzige Meerwasser zu tunken. Damit war auch in Affenkreisen die Salzkartoffel erfunden. Entweder schmeckten diese Knollen den Tieren besonders gut oder sie spürten, dass ihr Körper Salz brauchte. Jedenfalls tauchten die Makaken schließlich auch vollkommen saubere Knollen ins Meer – und hatten damit ein neues Trendgericht auf ihre Speisekarte gesetzt.

Krabben-Wettlauf

Beim Thema Salzkartoffeln muss der Seebär an den Schiffskoch denken, der immer einen Riesentopf gekochter Kartoffeln vorrätig hatte. So für den kleinen Hunger zwischendurch. »An Weihnachten aber zauberte der Smutje plötzlich süßes Gebäck aus der Kombüse«, erinnert sich der Reisende der sieben Meere, »und das teilte er dann mit der ganzen Mannschaft.« Man merkt ihm an, dass er von dieser Tradition eine Menge hält. Auch wenn sie vielleicht besser zu Schnee und Tannenbäumen passt als zu Regenwald und Palmen. Obwohl: »Es gibt in den Tropen ja Orte, da ist das ganze Jahr Weihnachten angesagt«, beginnt er schon seine nächste unglaubliche Geschichte:

Startschuss vom Mond

Dabei denkt er an Christmas Island, die Weihnachtsinsel, die nördlich von Australien liegt und mit dem Slogan »365 Tage im Jahr Weihnachten« wirbt. Den Namen »Weihnachtsinsel« trägt das Eiland mit seinen vielleicht 1400 Einwohnern aber nur, weil es am 25. Dezember 1643 entdeckt wurde. Ansonsten erinnern die immer warmen und feuchten Regenwälder dort kein bisschen an Schnee, Rentierschlitten oder was Europäern sonst zum Thema Weihnachten einfällt. Allerdings gibt es etliche Hauptdarsteller im roten Outfit, die jedes Jahr viel Aufmerksamkeit auf sich ziehen. Dabei handelt es sich allerdings nicht um Männer mit Rauschebärten, Zipfelmützen und Geschenken. Sondern um Krabben. »Die liefern sich dort in der Vorweihnachtszeit echte Wettrennen«, erklärt der weit gereiste Seemann lächelnd. »Den Startschuss zu diesem Massensport aber gibt der Mond.«

Millionen der leuchtend roten Weihnachtsinsel-Krabben leben normalerweise über die ganze Insel verteilt in selbst gegrabenen Bauen im Regenwald. Doch einmal im Jahr marschieren sie wie auf ein geheimes Kommando zur Küste, um sich dort zu paaren und ihre Eier ins Meer zu legen. Damit die empfindlichen Tiere unterwegs nicht austrocknen, beginnt dieser Krebsmarathon meist im November direkt nach dem Beginn der Regenzeit.

Der Termin muss außerdem so liegen, dass die Tiere ihre Eier bei abnehmendem Halbmond ins Wasser legen können. Denn zu dieser Zeit ist der Unterschied zwischen Hoch- und Niedrigwasser am geringsten. Da werden die zukünftigen Eltern nicht so leicht von einer hoch auflaufenden Flut davongespült. Erst wenn Wetter und Mondphase stimmen, kann es

also losgehen. Mehr als 50 Millionen Tiere machen sich dann
auf den Weg zum Strand und verwandeln die Insel stellen-
weise in ein Meer aus roten Panzern. Breite Krabben-Ströme
wälzen sich über Stock und Stein, über Straßen und Mauern.
Auch die steilsten Abhänge können den Marsch nicht aufhal-
ten.

Das Spektakel dauert bis zu 18 Tage. Dann haben die meisten der gepanzerten Wanderer die Küste erreicht, wo sie sich
in von den Männchen gegrabenen Bauen paaren. Die frisch-
gebackenen Väter kehren anschließend ins Inselinnere zurück,
die Weibchen bleiben noch ungefähr zwei Wochen im Bau.
Dann legen sie ihre Eier ins Wasser und machen sich ebenfalls
auf den Heimweg. Sobald die Eier im Meer treiben, schlüpfen
daraus auch schon die Larven. Innerhalb eines Monats entwickeln die sich zu kleinen Krebsen, die an Land krabbeln. Mit
vier oder fünf Jahren ist der Krabbennachwuchs dann erwach-
sen und kann selbst am berühmten Marathon teilnehmen.

Ameisen killen Regenwurm-Ersatz

Das weihnachtliche Wettrennen könnte allerdings bald für
immer Geschichte sein. Denn vor einigen Jahren tauchte auf
der Weihnachtsinsel die Gelbe Spinnerameise auf, die aus
Asien oder Afrika eingeschleppt wurde. Seither breiten sich
die Insekten unaufhaltsam aus. Brechen die Krabben nun zu
ihrer alljährlichen Wanderung auf, treffen sie irgendwo fast
immer auf Spinnerameisen. Die aber fühlen sich von den
marschierenden Kolonnen bedroht und verteidigen sich mit
ihrer ätzenden Ameisensäure, die sie den Krabben häufig in
die Augen spritzen. Blinde Krabben aber sterben rasch, weil
sie sich nicht mehr orientieren können. So sind bereits etliche
Millionen Weihnachtsinsel-Krabben der Ameisen-Invasion
zum Opfer gefallen.

Das aber wird nicht nur für die Krebse, sondern auch für

die Insel zum Problem. Denn die knallroten Tiere spielen dort die gleiche Rolle wie Regenwürmer in Europa: Sie fressen abgefallene Blätter, Blüten und Früchte, verdauen diese und geben mit ihrem Kot die darin steckenden Nährstoffe wieder an den Wald zurück. Gleichzeitig lockern und belüften die Düngerlieferanten auch noch den Boden, wenn sie ihren Bau graben. Der Wald kann auf diese wertvollen Helfer also nicht verzichten.

»Schon im Jahr 2002 hat die Nationalparkverwaltung deshalb vergiftete Ameisenköder aus Hubschraubern abwerfen lassen«, erinnert sich der Seebär an seinen letzten Besuch im Weihnachtsland. Die Aktion war unglaublich erfolgreich, allenfalls eine von hundert Ameisen entkam dem Gift. Doch das genügte. Die wenigen Überlebenden vermehrten sich rasch wieder. Im September 2009 wiederholten die Naturschützer daher die Hubschrauberaktion. Weg sind die Ameisen zwar immer noch nicht. Aber für ein paar Jahre kann der traditionelle Krabben-Marathon ungestört weitergehen.

Rattenplage

Ähnlich schwer wie Ameisen wird man auch Ratten wieder los, wenn sie erst einmal auf einer Insel gelandet sind. »Schon auf den Schiffen sind diese Biester extrem anhänglich«, seufzt der Seebär und seine finstere Miene verrät, dass er für die vierbeinigen Mitreisenden nicht allzu viel übrig hat. Schließlich knabbern sie nicht nur den Proviant an, sondern übertragen auch Krankheiten. Bei den Naturschützern in Neuseeland sind sie aber auch noch aus einem anderen Grund unbeliebt. Dort plündern die eingeschleppten Nager mit Begeisterung Vogelnester und bringen dadurch viele der gefiederten Ureinwohner an den Rand des Aussterbens. Also wollten Wissenschaftler der Universität Auckland auf der Nordinsel Neuseelands untersuchen, was man gegen diese Plage unternehmen kann. Dabei mussten sie allerdings feststellen, dass sie es mit einem extrem cleveren Gegner zu tun hatten. Der Wettkampf Ratte gegen Forscher wäre beinahe 1:0 ausgegangen.

Wer eine eingeschleppte Art bekämpfen will, muss erst einmal mehr über ihre Gewohnheiten wissen: Was brauchen die Tiere alles, um sich wohlzufühlen? Mögen sie zum Beispiel bestimmte Bereiche einer Insel lieber als andere? Um das herauszufinden, banden die Biologen einer Ratte einen winzigen Radiosender um den Hals und entließen sie auf der Insel Motuhoropapa im Nordosten Neuseelands in die vermeintliche Freiheit. Vier Wochen lang untersuchte das Tier die knapp zehn Hektar große Insel, die Naturschützer zwei Jahre vorher sorgfältig von seinen Artgenossen befreit hatten, ganz genau. Dann hatte sich der Nager entschieden, welcher Teil der Insel seine neue Heimat werden sollte.

An dieser Stelle wollten die Forscher das Experiment eigentlich beenden. Dummerweise aber ignorierte das Tier auch die raffiniertesten Fangversuche und entkam ihnen immer wieder. Weder Köder aus Schokolade oder Erdnussbutter noch ein ganzes Arsenal unterschiedlicher Rattenfallen zeigten Erfolg. Die Biologen waren ratlos. Weitere sechs Wochen später versagte dann auch noch der Radiosender am Rattenhals. Funkstille.

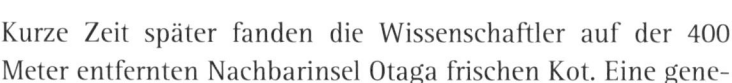

Kurze Zeit später fanden die Wissenschaftler auf der 400 Meter entfernten Nachbarinsel Otaga frischen Kot. Eine gene-

tische Analyse bewies: Die Forschungsratte war durchs offene
Meer dorthin geschwommen. Diese mutige Aktion hatte zwar
der Sender übel genommen, die Ratte aber war quicklebendig
und den Forschern einen Schritt voraus. Weitere acht Wochen eifriger Fangversuche folgten, wieder ohne Erfolg. Erst
dann kamen die Biologen auf die richtige Idee. Sie setzten
dem Tier frisches Pinguinfleisch als Köder vor die Nase, ein
abgerichteter Spürhund erledigte den Rest. Ewig lassen sich
Forscher von so einem Nager eben doch nicht auf der Nase
herumtanzen!

Wiedergeborene Inseln

»Dass die Biester so schwer zu erwischen sind, hätte ich früher
auch nicht gedacht«, meint der alte Seebär und kaut auf dem
Stiel seiner ewig kalten Pfeife. Im Laufe seiner vielen Reisen hat er allerdings gelernt, erst mal auch die fantastischs-
ten Storys für möglich zu halten. Raffinierte Ratten sind da
noch gar nichts, meint der begeisterte Erzähler: »Könnt ihr
euch vorstellen, dass Inseln manchmal von einem Tag auf den
anderen auftauchen und wieder verschwinden?« Kopfschüt-

teln im Publikum. Der Seebär genießt die ungläubigen Blicke sichtlich und entführt seine Zuhörer mit ein paar Worten in die Inselwelt der Karibik.

Ein paar Kilometer vor der Küste des südamerikanischen Landes Venezuela liegt die Insel Trinidad. An der ist erst mal nichts Besonderes. Doch am 11. Mai 2001 wachten die Bewohner des Ortes Chatham im Süden der Insel morgens auf und erspähten etwa zweieinhalb Kilometer vor der Küste eine kleine Insel, die es am Abend vorher dort mit Sicherheit noch nicht gegeben hatte. Na gut, groß war das Eiland mit seiner Breite von gerade einmal fünf Metern nicht. Aber es war auch nicht die erste Insel, die vor den Augen der erstaunten Bewohner aus den Fluten auftauchte. Bereits 1911 war, begleitet von donnernden Explosionen und lodernden Flammen, ein etwa dreieinhalb Meter hohes Eiland entstanden, das einige Zeit später jedoch wieder verschwand. 1928 und 1964 wiederholte sich das verblüffende Schauspiel.

Brodelnder Schlamm

War hier Zauberei im Spiel? Oder flunkert der Seebär diesmal vielleicht doch? »Quatsch!«, murmelt er ein wenig entrüstet. Schließlich haben Wissenschaftler bereits herausgefunden, was hinter den rätselhaften Inseln steckt. Nämlich ein Schlammvulkan.

Statt Asche und glühende Lava zu spucken, brodelt aus einem solchen Gebilde am Grund des Ozeans ein Gemisch aus Ton, Wasser und Gas.

Denn tief unter dem Meeresboden gibt es reichlich Methan und andere Gase, die mit Wasser und Schlamm einen leichten, dünnflüssigen Brei bilden. Der aber bleibt nicht da unten. Weil der Meeresboden darüber kräftig auf ihn drückt, quetscht er sich an Schwachstellen in der Erdkruste nach oben. Dabei bildet sich unter der Oberfläche oft erst mal ein matschiges Gebilde, das ein bisschen wie ein Pilz aussieht. Doch ständig dringt neuer Schlamm von unten nach, der Druck steigt immer weiter. Irgendwann ist er so stark, dass er sogar metergroße Gesteinsbrocken wegsprengen kann. Jetzt bricht der Vulkan aus und schleudert den Matsch aus dem Untergrund auf den Meeresboden. Manchmal türmen sich die Schlammmassen dabei zu einem großen Kegel auf, der über die Wasseroberfläche ragt. Dann ist über Nacht eine neue Insel entstanden. Die verschwindet allerdings bald wieder, weil der Schlamm Wind und Wellen nicht gewachsen ist.

Wachsende Südsee-Atolle

»In der Südsee aber passiert genau das Umgekehrte, dort tragen die Wellen die Inseln nicht ab, sondern lassen manche Inseln sogar wachsen«. Der Seebär klopft nachdenklich mit dem Stiel seiner Pfeife auf den Tisch. Diese unglaubliche Geschichte entdeckte er, als er in den 1950er- und 1960er-Jahren ab und zu durch die Südsee mit ihren Atollen schipperte. Für Passagiere war sein Frachtschiff allerdings viel zu langsam, Reisende kamen damals schon aus der Luft auf die Inseln. »Von Neuseeland aus flogen ab 1951 Flugboote auf der ›Korallenroute‹ zu den Fidschi-Inseln und weiter über Samoa, Tahiti und die Cook-Inseln zurück nach Neuseeland«, erinnert sich der Weltenbummler. Genau die gleichen Inseln und Atolle fliegt Air New Zealand noch heute an.

Inseln von oben

»In all den Jahren haben sich Passagiere und Mannschaft immer wieder die Nase an den Flugzeugfenstern platt gedrückt und Bilder von den Inseln gemacht«, erklärt der Seebär und kramt in einer Schublade in seinem Häuschen hinterm Deich. Auf den Bildern, die er aus den Tiefen der Kommode fischt, erkennt man immer wieder das Atoll von Aitutaki, das mit seinem türkisfarbenen Wasser und etlichen Inselchen voller Palmen wohl zu den beliebtesten Fotomotiven gehört hat. Von Jahr zu Jahr aber haben sich die Küsten auf den Bildern ein klein wenig verändert.

Forscher von der Universität in Auckland und von den Fidschi-Inseln haben mithilfe solcher Luftbilder die Umrisse von 27 Südsee-Inseln untersucht. Seitdem die Flugzeuge die »Korallenroute« fliegen, hat der Klimawandel den Meeresspiegel dort um zwölf Zentimeter ansteigen lassen. Dadurch hätten die untersuchten Inseln in dieser Zeit eigentlich kleiner werden müssen. Denn tiefer gelegene Teile des Landes sollten schon längst überflutet sein. Gleichzeitig sollten Wind und Wellen Teile der Küste abgetragen und so das Land noch weiter verkleinert haben.

Taifun und Korallensand

Tatsächlich schrumpften seit den 1950er-Jahren aber nur vier der untersuchten 27 Inseln. Die anderen 23 blieben entweder gleich groß oder wuchsen sogar. Wie kann das sein? Zur Verblüffung der Forscher stecken Taifune und andere Tropenstürme dahinter. Um jedes Atoll wächst nämlich unter Wasser ein Korallenriff. Ein Tropensturm kann Schneisen der Verwüstung in so ein Riff schlagen, auch die normalen Wellen brechen immer wieder Teile abgestorbener Korallenstöcke heraus. Auf diese Weise bildet sich ziemlich viel Korallenschutt, von dem Wind, Wellen und Strömungen zumindest einen Teil an die

Strände schwemmen. Aus den toten Korallen entsteht so ein goldgelber Sandstrand, durch den die Südsee-Inseln zumindest an bestimmten Stellen größer werden. Im Meer wachsen zur gleichen Zeit die Korallen weiter und füllen die entstandenen Lücken stetig auf. So liefert das Riff immer wieder Nachschub für die Sandstrände und lässt manche Insel wachsen.

»1972 zum Beispiel erwischte der Taifun Bebe unser Schiff und schob uns unerbittlich auf eines der sechs Atolle des Inselstaats Tuvalu in der Südsee zu.« Der Seebär denkt immer noch mit Schrecken an diesen Beinahe-Schiffbruch zurück. Die Mannschaft entkam ihrem Schicksal gerade noch. Viele Korallen dagegen nicht. Mit insgesamt 140 Hektar Schutt lagerte der Wirbelsturm die Fläche von ungefähr 200 Fußballplätzen an die Atolle an. Allein die Hauptinsel Funafuti wurde um zehn Prozent größer. »Bei diesem Wirbelsturm konnte man live beobachten, wie Inseln wuchsen«, berichtet der alte Seefahrer. So ganz geheuer war ihm dieses Erlebnis allerdings nicht.

Aitutaki

Bleibt die Frage, wie solche Atolle in der riesigen Wasserfläche der Südsee überhaupt entstehen. Der alte Seemann in seinem Häuschen hat inzwischen beide Hände tief in den Ta-

schen seiner braunen Cordhose vergraben und mustert durch
das Fenster den Himmel. Draußen türmen sich dunkle Wolken
auf und es zieht ein prächtiger Sturm auf. »Solches Schmud-
delwetter ist genau die richtige Gelegenheit, um zu Hause solche Geschichten zu erzählen«, beginnt er. »Dann denke ich
nämlich umso lieber an den stahlblauen Himmel über den
Palmenstränden meines Lieblingsatolls Aitutaki!«

Aitutaki gehört zu den Cookinseln und liegt im südlichen
Pazifik. Wie bei den meisten anderen Inseln
der Südsee stand die Wiege dieses Atolls
am Meeresgrund und damit ungefähr
4000 Meter unter Wasser. Eines Tages
brach dort in der ewigen Dunkelheit
der Tiefsee ein Vulkan aus. Dieser Unterwasserkrater spuckte allerdings keinen Schlamm wie die
Vulkane vor Trinidad, sondern
glutflüssiges Gestein. Immer höher türmte sich die Lava, bis die
Spitze des Vulkans den Meeresspiegel durchbrach und eine
neue Insel entstanden war. Mit der Zeit kühlte das Gestein
dann aus, bald eroberten erste Pflanzen den neuen Berg im
Meer. Und an seinen Hängen unter Wasser wuchs ein Korallenriff.

Mit der Zeit aber trugen Wirbelstürme und Wind, Wellen
und Tropenregen die über der Wasseroberfläche liegenden
Teile der Insel ab. Von dem einstigen Vulkan ist auf Aitutaki heute nur noch ein 124 Meter hoher Gipfel übrig, der
einst wohl der höchste Teil des Kraterrandes war. Der Rest des
Kraters ist zwar längst unter Wasser verschwunden. Sehen
kann man ihn aber trotzdem noch. Denn während er immer
weiter schrumpft, halten die Korallen am Rand dagegen und
wachsen in die Höhe. Wenn sie absterben, wird ihr Schutt

als Korallensand an den Vulkanhängen angeschwemmt. Und dort türmt er sich so hoch auf, dass man den abgetauchten Kraterrand auch heute noch erkennen kann. Aitutaki ist daher wie viele andere ehemalige Vulkane von einem Ring kleiner Inseln aus Korallensand umgeben, die auf dem versunkenen Kraterrand immer weiter wachsen.

Vögel mit Echo-Ortung

Das Südsee-Thema lässt den Seebären nicht mehr los, davon weiß er noch jede Menge zu berichten. »Ganz in der Nähe von Aitutaki liegt die Insel Atiu«, erzählt er gemütlich, während der Sturm ums Haus pfeift. Da ein Seemann Entfernungen offensichtlich anders empfindet als Landratten, werden aus diesem »in der Nähe« leicht mehr als hundert Kilometer. Aber der Abstecher nach Atiu lohnt sich wirklich. Dort kann man zum Beispiel versteinerte Riffe anschauen, ohne nasse Füße zu bekommen. Denn die uralten Korallenstöcke sind im Laufe der Zeit aus dem Wasser aufgetaucht und bilden heute einen Teil der Insel. Inmitten dieser versteinerten Riffe liegt die Anataki-taki-Höhle. Und die hat sehr ungewöhnliche Bewohner. Zwischen Tropfsteinen und steilen Felswänden ziehen Kopekas ihren Nachwuchs auf.

Kopekas sind Vögel, die den mitteleuropäischen Mauerseglern ähneln. Und genau wie diese verbringen sie den größten Teil ihres Lebens in der Luft, selbst ihr Futter schnappen sie im Flug auf. Gelandet wird nur am Nest in der Höhle. Dummerweise ist es dort allerdings so finster, dass man die Hand nicht vor Augen sieht. Und trotzdem knallen die Kopekas nicht gegen die Felsen. Tollkühn fliegen sie in flottem Tempo durch die Dunkelheit und machen dabei klickende Geräusche. Die Echos dieser Töne zeigen ihnen, wo die Tropfsteine hangen und wo sich die Felswände erheben, die sie umfliegen müs-

sen. Zielsicher führt sie das körpereigene Navigationssystem
so bis zu jenem Felsvorsprung, auf dem sie ihr Nest gebaut
haben. Ähnlich wie Fledermäuse nutzen die Kopekas also die
Echoortung, die außer ihnen kein anderer Vogel beherrscht.
Kopekas sind also wirklich außergewöhnliche Vögel. Es gibt
sie nirgendwo sonst auf der Welt. Die Anatakitaki-Höhle und
zwei weitere Grotten auf Atiu sind die einzigen Brutplätze für
die fliegenden Navigationskünstler, von denen es auf der Welt
wohl gerade noch 400 oder 500 Tiere gibt.

Duett in der Lavahöhle

Beim Stichwort »Höhle« fällt dem Seebären prompt noch eine
weitere unglaubliche Insel-Geschichte ein. »Diesmal ist es eine
Liebesgeschichte«, schmunzelt er und schickt seine Zuhörer in
die Unterwelt von Hawaii.

   In einer Lava-Höhle auf der Pazifik-Insel trifft sich das ungewöhnliche Liebespaar gerade zum ersten Mal im Leben. Und
schon stimmt es ein Duett an: Erst singt sie eine Strophe, dann
antwortet er mit einem Lied, dann ist sie wieder an der Reihe.
Mehr als eine halbe Stunde dauert diese musikalische Darbietung, danach stehen die beiden noch einmal ähnlich lange
nebeneinander. Ihre Körper berühren sich nicht. Doch zwischen beiden würde nicht einmal eine Stecknadel mehr Platz
finden. Die Partner beschnuppern sich wohl, ob der andere

auch der Richtige ist. Sind sie mit ihrer Wahl zufrieden, steht schon das nächste Duett auf dem Programm. Danach kommen die beiden zur Sache. Jetzt sind sie aber mucksmäuschenstill.

»Sie wollen eben nicht von einem übellaunigen Strolch erwischt werden«, erklärt der Seebär, der das durchaus nachvollziehen kann. So ein Störenfried könnte zum Beispiel eine hungrige Spinne sein. Denn die beiden Verliebten sind nicht einmal einen halben Zentimeter lang. Es handelt sich um winzig kleine Insekten: Zikaden. Nicht einmal Augen haben diese sechsbeinigen Zwerge, wozu auch: Licht fällt in ihre Höhle eigentlich nur, wenn das Forscher-Ehepaar Hannelore Hoch und Manfred Asche vom Museum für Naturkunde in Berlin vorbeikommt, um das musikalische Talent der Zikaden zu untersuchen.

Unhörbarer Gesang

Als die Forscher den alten Seemann in den 1990er-Jahren zum ersten Mal in eine der Höhlen mitnahmen, hörte der aber gar keinen Gesang. »Ich dachte, ich wäre bei all den Stürmen und Abenteuern schwerhörig geworden«, erinnert er sich noch heute. Hannelore Hoch aber konnte ihn rasch beruhigen. Um menschliche Ohren mit ihrem Duett zu erreichen, sind die Zikaden nämlich einfach zu klein.

Bei ihren eigenen Artgenossen aber kommt die musikalische Botschaft gut an. Wenn die Tiere mit winzigen Muskeln eine Platte in ihrem Minipanzer anheben oder einziehen, schnappt sie mit einem für Menschen unhörbaren Klick aus ihrer Öffnung oder rastet wieder ein. Dieser Klick überträgt sich als kleine Erschütterung über die Beine der Zikade in den Untergrund. Andere Zikaden »hören« dieses Geräusch ebenfalls mit den Beinen.

Die Forscher allerdings brauchen spezielle Geräte, um von diesem Gesang überhaupt etwas mitzukriegen. Diese wandeln das Duett in für Menschen hörbare Töne um. Erst dann wird klar, was die winzigen Sänger wirklich draufhaben: Genau wie Musiknoten unterschiedlich lang gespielt oder gesungen werden, lassen die Tiere verschieden lange Pausen zwischen ihren Klicks mit dem Panzer. Aus dem Rhythmus dieser Laute entsteht dann so etwas wie eine Melodie, auf die der Partner mit seinem eigenen Lied antwortet.

Versuch und Irrtum

Stimmt ein Weibchen seinen Gesang an und verkündet damit sein Interesse an einem Männchen, nimmt dieses erst einmal Kurs auf die mögliche Partnerin. Das geschieht wohl nach dem Prinzip »Versuch und Irrtum«: Wird die Melodie lauter, stimmt die Richtung und die Zikade läuft weiter. Wird der Gesang dagegen leiser, dreht das Männchen um. Bleibt die Lautstärke gleich, biegt der winzige Casanova nach rechts oder links ab und lauscht mit den Beinen, ob der Lockruf jetzt besser oder schlechter zu hören ist. Zwischendurch singt auch er eine Strophe. Das soll wohl so viel heißen wie: »Bitte durchhalten, ich komme bald!«

Irgendwann finden sich die Partner dann endlich und stimmen ihr Duett an. Später baut das Weibchen ein kleines Nest aus selbst gemachten Wachsfäden und legt seine 13 bis 15 Eier hinein. Die entwickeln sich in einem Jahr zu neuen Zikaden, die ein paar Wochen leben, ihr unhörbares Duett singen und danach Platz für die übernächste Zikaden-Generation machen.

Harte Nüsse 2

Nach dieser einfühlsamen Liebesgeschichte stellt der Seebär noch schnell ein kleines Rätsel, bevor er seine Gäste für heute verabschiedet, das Licht ausmacht und in sein Bett kriecht, während draußen der Sturm langsam abflaut. Also:

In der Südsee hört man immer wieder mal von Palmendieben. Richtige Verbrecher sind das nicht. Aber was oder wer steckt sonst hinter diesem Namen?

a) Die Polynesier auf den Südseeinseln kennen einen ganz ähnlichen Brauch wie die Leute in Süddeutschland. In Bayern stellen die jungen Männer zum Frühlingsfest traditionell einen Maibaum auf. Der wird vorher sorgfältig im Wald ausgesucht, gefällt, mit flatternden Bändern geschmückt und auf dem Festplatz aufgerichtet. Weil aber die Jungs aus dem Nachbardorf alles dransetzen, in der Nacht diesen Maibaum wieder umzulegen und als Trophäe in ihr eigenes Dorf zu schleppen, muss er rund um die Uhr bewacht werden. Manchmal aber gelingt der sportlich gemeinte Diebstahl trotzdem. Etwas ganz Ähnliches spielt sich jedes Jahr auf den Südseeinseln ab – allerdings mit Palmen statt mit Birken.

b) Auf einigen Südseeinseln wütet eine unheimliche Palmenkrankheit, deren Erreger bisher niemand kennt. Die befallenen Pflanzen verlieren erst ihre Wedel und sterben nach ein paar Wochen komplett ab. Daher haben die Inselbewohner dem Erreger den Spitznamen »Palmendieb« verpasst.

c) Der Palmendieb ist ein Riesenkrebs, der auf Palmen klettert und Kokosnüsse stiehlt.

Die richtige Lösung steht auf Seite 178.

3

Aus luftigen Höhen: Verblüffendes von oben

Halb hinter seiner Teetasse versteckt, späht der Seemann am nächsten Morgen aus dem Fenster. Der Sturm vom Abend vorher ist längst weitergezogen, die Sonne strahlt. Einen Kap-Hoorn-erprobten Wetterprofi aber legt so ein blauer Himmel nicht herein: »Typisches Aprilwetter heute, blitzschnell kann ein Regenguss den Sonnenschein ablösen«, sagt ihm der Blick nach oben. Aber kein Problem: Wozu gibt es schließlich Ostfriesennerze? Das strahlend gelbe Ölzeug wird ihn vor dem nächsten Regenguss schützen, wenn er auf dem Deich seinen Morgenspaziergang macht – und dabei noch mehr unglaubliche Geschichten erzählt, die diesmal in luftigen Höhen spielen. Sein Publikum von gestern Abend wartet nämlich schon draußen vor dem Häuschen hinterm Deich auf ihn und will mehr hören. »Oh Mann, da hab ich mir vielleicht was eingebrockt!«, stöhnt der alte Seebär. In Wirklichkeit aber freut er sich riesig darauf, die nächste Story aus seinem Gedächtnis zu kramen. »Also, los geht's!« Er pfeift nach seinem Schäferhund, der ihn auf seinen Streifzügen immer begleitet, und macht sich mit seinen Zuhörern im Schlepptau flotten Schrittes auf den Weg.

Sind Wolken lebendig?

Über den Deich pfeift noch ein frischer Wind und die ersten Wolken schaukeln auch schon am Himmel. »Viele davon entstehen, weil dort oben winzig kleine Lebewesen schweben«, fängt er an. Lebende Wolkenmacher? Sonst noch was? Die Begleiter schütteln skeptisch die Köpfe. Ganz verdächtig klingt das nach Seemannsgarn! Vielleicht geht ja am Vormittag die Fantasie besonders leicht mit dem bärtigen Erzähler durch. Der aber schüttelt entrüstet den Kopf: »US-amerikanische und französische Wissenschaftler haben das genau untersucht!«

Lange waren Forscher ziemlich sicher, wie Wolken entstehen. Feuchte Luft steigt in die Höhe und kühlt dabei ab, so viel war klar. Dabei kondensiert die Luftfeuchtigkeit zu winzigen Wassertröpfchen, die aus der Nähe wie Nebel und aus größerer Entfernung eben wie eine Wolke aussehen. Klingt logisch. Nur klappt das oft nicht. Zumindest nicht, wenn die Luft sehr sauber ist. In etlichen Experimenten weigerte sich die Feuchtigkeit stur, sich in Tropfen zu verwandeln. Erst als die Forscher die reine Luft mit ganz kleinen Teilchen verunreinigten, die sie »Aerosole« nennen, bildeten sich Wolken. Offensichtlich sind diese Aerosole Keime für Wassertröpfchen: An ihnen heftet sich die Luftfeuchtigkeit an und beginnt zu kondensieren.

Was schwebt dort oben?

Nun wollten die Forscher aber wissen, welche Aerosole besonders wichtige Wolkenmacher sind. Schließlich schwebt da oben ja alles Mögliche herum: Von Staub aus der Wüste und Salzkristallen aus dem Meer bis zu den Pollen von Pflanzen oder dem Ruß aus dem Autoauspuff. Also haben die Wolkendetektive erst einmal Schnee aus entlegenen Weltgegenden wie der Antarktis, den französischen Alpen und Alaska gesammelt. Nachdem sie ihre Proben aufgetaut hatten, zählten

sie die Teilchen in einem Liter Schmelzwasser – und erlebten eine Überraschung.

Die allermeisten Aerosole entpuppten sich nämlich als lebendig oder zumindest als ehemalige Teile von Lebewesen. Da fanden sich nicht nur Blütenpollen, sondern auch Bakterien und was sonst noch so an Mini-Organismen unterwegs ist. An diesen kleinen Reisenden schlägt sich die Luftfeuchtigkeit nieder. Und weil das Ganze meist in großer Höhe bei sehr niedrigen Temperaturen passiert, gefriert sie bald und hüllt die Keime in eine dünne Eisschicht. Die winzigen Eiskörner wachsen so lange weiter, bis sie zu schwer werden, um in der Luft zu schweben. Dann fallen sie als Schneeflocken, Graupel oder Hagel zu Boden. Oder sie schmelzen in der Nähe des Bodens wieder und es regnet.

Wenn die Luftfeuchtigkeit hoch genug ist, scheinen lebendige Wolkenmacher also tatsächlich einen Schalter umzulegen, der in der Atmosphäre zwischen Regenschauer und Sonnenschein entscheidet. »Womit wir endlich das Aprilwetter erklärt hätten«, brummt der Seebär, der in seinem Ostfriesennerz den gerade herunterprasselnden Guss trocken übersteht. Gut, dass auch seine Zuhörer die wetterfeste Ausrüstung mitgebracht haben. Und noch besser, dass sich die schwarzen Wolken auch rasch wieder verziehen.

Schwule Geier

Schon nach ein paar Minuten kommt die Sonne wieder heraus und die Spaziergänger können ihre Kapuzen wieder absetzen. Die Jacken bleiben allerdings fest geschlossen, denn der Wind bläst noch immer empfindlich kühl. Er zerrt nicht nur an den Haaren der Wanderer, sondern auch an den Federn der beiden Vögel, die in einiger Entfernung über den Deich hüpfen. Der alte Seemann hält seinen Hund am Halsband fest, damit er das geflügelte Paar nicht verjagt.

»Bakterien hin oder her: Die wahren Herrscher der Lüfte haben für mich auf jeden Fall Flügel und Federn«, meint er. Da lässt er nicht mit sich diskutieren. Zu viele faszinierende Vögel hat er auf seinen Reisen schon beobachtet. Riesige Albatrosse, die geschickt über den Meeren der Südhalbkugel segeln. Kreischende Möwen in allen möglichen Häfen. Oder auch die majestätischen Bartgeier, zwischen deren Flügelspitzen fast drei Meter Spannweite liegen können. Auf der Mittelmeerinsel Korsika hat er mal einen davon hoch über seinem Kopf kreisen sehen.

»Früher hat es auch in den Alpen eine ganze Menge dieser großen Greifvögel gegeben«, erklärt der Seebär seinen leicht fröstelnden Begleitern. Doch die Vögel hatten einen schlechten Ruf. Angeblich sollten sie immer wieder Schafe töten und sogar Kinder verschleppen. »Das war natürlich kompletter Blödsinn«, meint der bärtige Erzähler kopfschüttelnd. »Außer ein paar Schildkröten fangen Bartgeier nie lebende Beute, sondern fressen nur Aas.« Trotzdem haben Menschen die gefürchteten Tiere abgeschossen, wo sie konnten. Schon Anfang des 20. Jahrhunderts hatten sie die Bartgeier in den Alpen komplett ausgerottet. In Mitteleuropa hatten nur ein paar Tiere in Zoos überlebt.

Damit aber wollten sich die Zoologische Gesellschaft Frankfurt und der Österreicher Hans Frey nicht abfinden. Seit den 1970er-Jahren wildern sie den Nachwuchs der Zootiere in den Alpen wieder aus, damit die Bartgeier dort wieder heimisch werden konnten. Dazu brauchten sie natürlich genügend gesunde Jungvögel. Also brachten sie Geier aus verschiedenen Zoos zusammen, die Paare bilden sollten. Das Problem dabei war allerdings, dass Menschen bei jungen Bartgeiern das Geschlecht nur schwer feststellen können. Da landeten aus Versehen schon mal zwei Männchen oder zwei Weibchen in einem gemeinsamen Käfig.

Normalerweise sind die Tiere sehr pingelig bei der Auswahl ihres Partners, mit dem sie bis zu vierzig Jahre verbringen. Mit ihm wollen sie schließlich Nachwuchs haben und das klappt in der Natur nur, wenn sich zwei Geier unterschiedlichen Geschlechts zusammentun. In den Käfigen aber hatten die Tiere keine große Wahl. Dort akzeptierte dann auch mal ein Männchen ein anderes Männchen als Partner. Oder ein Weibchen ein anderes Weibchen. Einige Geier entpuppten sich also als homosexuell.

Als Eltern aber schlugen sich solche Homo-Paare ähnlich gut wie ein Gespann aus Männchen und Weibchen. Schoben ihnen die Naturschützer ein Adoptiv-

Ei unter, brüteten sie es genauso erfolgreich wie ein gemischtes Paar aus. Auch um den Jungvogel kümmerten sie sich genauso intensiv. Für die Artenschützer war das ungemein praktisch. Sie nahmen nämlich einfach einem bereits brütenden Paar das Ei weg und schoben es einem Männer-Team unter. Die um ihren Nachwuchs gebrachte Geiermutter legte bald ein weiteres Ei und am Ende zogen drei Männchen und ein Weibchen zwei Junggeier auf. Da ein Weibchen in einer Saison normalerweise nur ein Küken großziehen kann, verdoppelte dieser Trick glatt den Bruterfolg.

Schwarze Genies

Längst haben die scharfen Augen des Seebären das Vogelpaar auf dem Deich erkannt: »Dort hüpfen natürlich keine Bartgeier, die kommen ja gar nicht zu unserer Küste. Das sind zwei Kolkraben, ganz clevere Vögel also«, leitet er die nächste Geschichte ein. Aus den rabenschwarzen Augen der Tiere scheint tatsächlich Intelligenz zu blitzen. Und vielleicht auch ein bisschen Schalk. »Die schwarzen Kerle legen andere tatsächlich gern rein«, erklärt der weit gereiste Vogelfan. Damit aber hat er den Bogen wohl endgültig überspannt. Betrüger gibt es doch nun wirklich nur unter Menschen?
Von wegen! Genau wie menschliche Kriminelle haben Kolkraben raffinierte Tricks auf Lager, um ihre eigenen Ziele zu erreichen. »Damit führen sie sogar Wissenschaftler an der Nase herum«, meint der Seemann allen Ernstes. Und erzählt eine Geschichte aus der Konrad-Lorenz-Forschungsstelle in Grünau in Österreich.

Taktische Betrüger
Dort untersuchen die Forscher mit verschiedenen Tests, wie intelligent die schwarzen Vögel wirklich sind. Besonders gut

schneiden die Tiere dabei oft ab, wenn es ums Fressen geht. Einer der dort lebenden Kolkraben hat zum Beispiel genau beobachtet, in welcher der bunten Futterdosen der Wissenschaftler einen Leckerbissen versteckt hat. Das kann er sich auch problemlos merken. Als er später in den Raum mit den Büchsen darf, eilt er sofort zu der richtigen. Und schiebt einen gewaltigen Frust. Gleichzeitig ist nämlich auch sein Bruder hereinspaziert. Der aber steht in der Raben-Hierarchie deutlich höher als er selbst. In so einem Fall kann man gar nichts dagegen machen, wenn einem die eigene Verwandtschaft den Happen vor dem Schnabel wegschnappt.

Aus Schaden aber wird der Kolkrabe klug. Beim nächsten Versuch Tage später tappt er erst einmal zu einer leeren Dose. Wieder will ihm der stärkere Bruder das Futter klauen – nur findet er diesmal in der Büchse gar nichts zum Stibitzen. Bis er merkt, was los ist, dauert es aber einen Moment. Derweil hat der clevere Betrüger genug Zeit, sich seine Beute unbehelligt aus dem richtigen Versteck zu holen. Endlich hat er seine verdiente Belohnung im Schnabel – und scheint sich diebisch und wie ein schwarzer Schneekönig darüber zu freuen, dass er die gefräßige Verwandtschaft ausgetrickst hat.

Reingelegte Wissenschaftler

Christian Schloegl von der Konrad-Lorenz-Forschungsstelle kennt noch andere Beispiele für die Intelligenz der Kolkraben. Diese Vögel leben ja in großen Gruppen zusammen, die einige Tausend Köpfe stark sein können. Beim Fressen aber ist jedes Tier sich selbst das nächste. Reicht der Vorrat für mehr als eine Mahlzeit, versteckt der clevere Vogel also den Rest. Dabei denkt er lange nach und wählt am Ende ein Versteck, das vor den diebischen Schnäbeln der Artgenossen sicher zu sein scheint. Die wichtigste Regel dabei lautet: Verstecke nur dann Futter, wenn niemand dabei zuschaut!

Nun ist man in einem Rabenschwarm nur selten allein. Doch mit ein wenig Hirnschmalz lässt sich das Diebesgesindel trotzdem austricksen. So passen Kolkraben gern genau den Augenblick ab, in dem sie für die Artgenossen im »toten  Winkel« stehen. Verdeckt zum Beispiel ein Baumstamm den Blick zur Konkurrenz, verstecken sie ihren Leckerbissen schnell. Was aber, wenn man dauernd unter Beobachtung steht? Ein Weibchen versteckte das Futter schließlich unter den gierigen Blicken der Kollegen. Das ist natürlich ziemlich riskant. Also räumte das Tier sein Versteck offensichtlich wieder aus, und verbarg das Futter an einem anderen Platz.

Da lachten sich die anderen Kolkraben natürlich in die Kralle. Auf so einen plumpen Trick fällt ja nicht einmal der Dümmste rein! Bevor die vermeintlich schlechte Taktik des Weibchens in einem Verlust des Leckerbissens enden konnte, griff daher Christian Schloegl ein und wollte das Fressen aus dem neuen Versteck holen. Doch er glaubte seinen Augen nicht zu trauen: Das Versteck war leer. Das clevere Weibchen hatte den Wechsel also nur vorgetäuscht. Nicht nur ihre Artgenossen, sondern sogar einen gestandenen Forscher hatte der Kolkrabe also problemlos reingelegt.

Krähen-Tricks

Wenn es um das leibliche Wohl geht, greifen aber auch die kleineren Verwandten der Kolkraben tief in die Trickkiste. Die ebenfalls rabenschwarzen Saatkrähen zum Beispiel. Als Forscher verschiedene Hürden auf dem Weg zu einer schmackhaften Larve aufbauten, fanden die Vögel meist unglaublich originelle und verblüffende Lösungen. Einmal mussten sie zum Beispiel Steine auf ein aufgebautes Gerüst werfen. Aber nur wenn sie die richtige Größe der Geschosse auswählten, fiel das Gerüst ein und die Larve landete im Schnabel des Werfers. Für die Saatkrähen war diese Übung kein Problem.

Danach versteckten die Forscher Mottenlarven in kleinen Eimerchen mit Henkel, die in einer senkrechten Plastikröhre standen. Wieder hatten die Vögel schnell einen Trick gefunden, um an den Snack zu kommen: Sie bogen eines der angebotenen Drahtstücke zu einem Haken, mit dem sie das Eimerchen samt Larve aus dem Röhrchen herausfischen konnten. Als Nächstes ließen die Forscher ein paar Würmer in einem schmalen, aufrecht stehenden Plastikröhrchen schwimmen. Was nun? Dummerweise war das Ding zu eng für die Vögel, um den Schnabel hineinzustecken. Zunächst studierten die Krähen den Sachverhalt ausgiebig, dann griffen sie zu den größeren Steinchen im Käfig und warfen sie ins Wasser. Dadurch stieg der Wasserspiegel zwar, der Schnabel kam aber noch immer nicht an den Wurm. Weitere Steinchen folgten, bis der Leckerbissen endlich in Reichweite war und die Krähen es sich schmecken ließen.

Vorsicht, Höhlenmenschen!

Doch das Leben besteht ja nicht nur aus Fressen. Vor allem für schlechte Erfahrungen haben Krähen ein Gedächtnis wie ein Elefant. Und der vergisst ja angeblich nichts! Außerdem teilen die Vögel ihr Wissen auch noch mit Artgenossen.

Diese unglaubliche Geschichte begann im Jahr 2006, als Forscher in den USA etliche Amerikanerkrähen einfingen. Sie legten ihnen einen Ring ums Bein, mit dessen Hilfe sie die Tiere später wiedererkennen konnten, und ließen sie dann rasch wieder frei. Das Ganze war für die Krähen zwar nicht besonders angenehm, aber völlig ungefährlich.

Würden sich die Vögel später an dieses Erlebnis erinnern? Und würden sie ihre Fänger wiedererkennen? Um das zu testen, trugen die Forscher während der ganzen Aktion seltsame Höhlenmenschen-Masken. So komische Gestalten hatten die Tiere vorher noch nie gesehen. Wenn sie also später Angst davor hatten oder aggressiv reagierten, mussten sie die Höhlenmenschen als neue Feinde eingestuft haben. Tatsächlich hinterließen die verkleideten Forscher einen bleibenden Eindruck bei den Vögeln. Schon während des Versuchs eilten von allen Seiten Krähen herbei, um ihren gefangenen Artgenossen beizustehen. Zwar konnten sie gegen die maskierten Kidnapper wenig ausrichten, immerhin beschimpften sie die Übeltäter aber heftig.

Schlenderten Wochen später andere Studenten mit verschiedenen Masken vor dem Gesicht an den Krähen vorbei, ohne ihnen irgendwie zu nahe zu kommen, nahmen die Vögel davon wenig Notiz. Es sei denn, die berüchtigten Höhlenmenschen-Gesichter tauchten wieder auf. Dann ging das Gezeter sofort wieder los. Und bei jeder Begegnung schienen die Attacken heftiger zu werden. Selbst fünf Jahre später erinnerten sich die Krähen noch genau an das Ereignis und randalierten jedes Mal, wenn sie irgendwo die Höhlenmenschen-Masken sahen, lauter.

Höhlenmenschen waren für sie wohl zum Inbegriff des

Bösen geworden. Und diese Einschätzung behielten sie keineswegs für sich. Denn mit der Zeit beteiligten sich immer mehr Vögel an dem Spektakel – auch solche, die beim ersten Angriff der Maskenträger gar nicht dabei gewesen waren. Sogar Tiere, die erst viel später aus dem Ei geschlüpft waren, machten eifrig mit. Seltsame und vielleicht gefährliche Ereignisse sprechen sich bei Krähen eben schnell herum. Das ist bei Menschen ja auch nicht anders.

Vom Himmel gefallen

»Wo wir gerade von seltsamen Ereignissen sprechen«, schmunzelt der alte Seemann, der seinen Deichspaziergang heute deutlich länger ausdehnt als gewöhnlich. »Wisst ihr eigentlich, dass es manchmal Frösche regnet? Oder Fische?« Ungläubig schütteln seine Zuhörer die Köpfe. Manch einer wirft einen misstrauischen Blick hinauf zu den Wolken, die sich im Aprilwind aufbauschen. Aber natürlich fällt kein Tier vom Himmel. Trotzdem ist sich der Seebär wieder einmal ganz sicher. »Es war im Jahr 1781«, fängt er an. »Da erlebten die Menschen in Nordfrankreich einen Sturm, der sich gewaschen hatte.«

Der Wind heulte mit Geisterstimmen, riss Äste von den Bäumen und rüttelte an den Türen. Die Leute saßen in ihren Häusern, zogen den Kopf ein und hoffen, dass das Dach standhalten würde. Aber sonderlich unheimlich war ihnen die Sache nicht. Unwetter hatten sie schließlich schon öfter erlebt. Doch plötzlich kroch ihnen doch eine Gänsehaut über den Rücken. Denn was da jetzt aus den Wolken auf den Boden prasselte, waren keine Regentropfen. Sondern Kröten. Hunderte. Tausende. Zwar klein, aber offensichtlich quicklebendig. Sie überschwemmten die Felder und hüpften auf den Straßen herum. Es war gespenstisch. Und niemand konnte die Sache erklären. War das ein Werk des Teufels? Ein Wunder?

Oder was? Mit rechten Dingen konnte die Sache ja wohl nicht zugegangen sein. Und so flüsterten viele hinter vorgehaltener Hand: »Magie!«

Wer heute solche Geschichten hört, denkt wohl eher an irgendeinen Scherz oder Schwindel. Das 18. Jahrhundert ist ja lange her: Wer weiß, welche Bären sich die Leute damals aufbinden ließen? Oder hatten die Zeugen des geheimnisvollen Froschregens vorher vielleicht einfach ein paar Gläser zu viel getrunken? Klar ist jedenfalls: Frösche fallen nicht vom Himmel. Sagt einem der gesunde Menschenverstand. Allerdings ist das wieder mal ein typischer Fall von »Denkste!«.

Denn manchmal regnet es auch heutzutage noch Tiere. Im Juni 2009 zum Beispiel gingen mehrere Krötenschauer über verschiedenen Städten in Japan nieder. Und auch für Fischfans hatte das Wetter Anfang des 21. Jahrhunderts einiges zu bieten. Im August 2004 fielen schuppige Wasserbewohner über dem Dorf Knighton in Wales vom Himmel. Und im Februar 2010 passierte das Gleiche in der Kleinstadt Lajamanu in Australien. Dass alle Augenzeugen in sämtlichen Fällen betrunken waren, ist ja nun doch unwahrscheinlich.

Wissenschaftler haben aber auch eine ganz nüchterne Erklärung für solche seltsamen Ereignisse. Magie ist dazu gar nicht nötig. Nur ein kräftiger Wirbelwind. Der kann schließlich problemlos Dächer abdecken und die Ziegel durch die Luft schleudern. Kleine Wassertiere aus einem Fluss oder See in die Höhe zu reißen und sie ein paar Kilometer mitzuschleppen, fällt ihm da erst recht nicht schwer. Wenn sich die Windhose irgendwann auflöst, fallen die unfreiwilligen Passagiere dann wieder runter. Fische bezahlen dieses Abenteuer meist mit dem Leben, weil sie auf dem Trockenen landen. Und auch der japanische Krötenregen des Jahres 2009 bestand nur aus toten Tieren. Manchmal aber haben Frösche und Kröten Glück und überstehen die Reise unbeschadet. Dann hüpfen sie nach dem geheimnisvollen Schauer leicht verwirrt, aber gesund davon.

Die beste Grippe-Medizin

»Gesundheit ist ja auch so ein Thema«, sagt der Seebär und zieht ein Taschentuch aus seinem Regenmantel. Schon seit gestern Abend spürt er so ein Kratzen im Hals und ein Kribbeln in der Nase. Er hat zum Frühstück zwar schon Milch mit Honig dagegen getrunken und sich für den Deichspaziergang mit einem warmen Schal ausgerüstet. Ganz losgeworden ist er die Beschwerden aber noch nicht. »Da denkt man an nichts Böses und schon hat's einen erwischt«, knurrt er und niest. Die Luft ist nämlich nicht nur das Element von Vögeln, Wolken und Regentropfen, sondern auch das der Krankheitserreger. Wer sich zum Beispiel eine schwere Erkältung oder sogar eine echte Grippe eingefangen hat, hält am besten viel Abstand zu allen anderen. Denn schon ein Husten oder Niesen kann genügen, um gleich eine ganze Kompanie fieser Viren in Richtung des Gegenübers zu schleudern. Und der steckt sich an und wird dann auch krank. Muss ja nicht sein.

Manchmal allerdings trägt einem die Luft nicht nur die Erreger in die Nase, sondern auch gleich eine Waffe dagegen. Duft kann nämlich auch gut für die Gesundheit sein. Bei Mäusemännchen jedenfalls. Der verführerische Geruch eines Weibchens versetzt männliche Nager nicht nur in Paarungslaune. Er schützt sie gleichzeitig auch vor Grippe. »Eigentlich ein super Rezept«, meint der alte Seefahrer grinsend. »Man muss sich nur verlieben, an der Liebsten schnüffeln und schon wird man nicht mehr krank!«

Erst 2009 sind russische Wissenschaftler in der sibirischen Stadt Nowosibirsk dem ungewöhnlichen Grippeschutz auf die Spur gekommen. Sie haben Mäusemännchen erst mal für ein paar Wochen ohne jeden Kontakt zum anderen Geschlecht in einzelnen Käfigen gehalten. Etwa die Hälfte der Tiere musste auch während des restlichen Versuchs unter sich bleiben. Den anderen aber streuten die Forscher Sägespäne in den Käfig, aus denen vorher Weibchen ihre Nester gebaut hatten. Für männliche Nager entspricht das in etwa einer Zeitungsseite voller Kontaktanzeigen. Der Geruch von Kot und Urin verrät ihnen genau, welche Artgenossinnen gerade paarungsbereit sind. Entsprechend eifrig kontrollieren sie solche Spuren. Und sobald ihnen der richtige Duft in die Nase steigt, machen sie sich auf die Suche nach der Urheberin.

Dieses Verhalten ist allerdings auch ein bisschen riskant. Denn in Kot und Urin kann ein Heer von Bakterien, Viren und Würmern lauern. Wer da seine Nase hineinsteckt, fängt sich leicht eine Krankheit ein. Weitere Infektionen drohen, wenn das Männchen eine mögliche Partnerin gefunden hat. Denn dann wird sie erst einmal ausgiebig beschnüffelt. Die Gefahr, dass Erreger dabei die Atemwege entern, ist groß.

Doch die Mäusemännchen haben ein wirksames Rezept dagegen. Und das scheint direkt mit dem lockenden Duft zusammenzuhängen. Als die Forscher ihre Versuchstiere mit Grippeviren konfrontierten, waren die Folgen jedenfalls sehr unterschiedlich. Mäuseriche mit weiblichen Gerüchen in der Nase erwiesen sich als viel widerstandsfähiger als ihre nur von männlichen Dünsten umgebenen Geschlechtsgenossen. Sie wurden weniger oft krank, verloren weniger stark an Gewicht und starben auch viel seltener an Grippe.

Woran das liegt, verrät ein Blick ins Lungengewebe der Tiere. Bei den Nagern, die unter dem Einfluss weiblicher Düfte standen, versammeln sich darin ungewöhnlich große Mengen von bestimmten weißen Blutkörperchen. Die sind wichtig für die angeborenen Abwehrkräfte, mit denen der Körper Krankheitserreger bekämpft. Diese weißen Blutkörperchen erkennen die fremden Eindringlinge und fressen sie einfach auf.

Bei Mäuserichen mit Damenduft in der Nase scheinen sich diese körpereigenen Abwehrwaffen schon vorbeugend neu zu verteilen. Der Weibchenduft lockt die Fresszellen offenbar verstärkt in die Atemwege. Wenn die eifrig schnüffelnden Tiere Erreger aufnehmen, ist das Immunsystem daher schon gewappnet und kann die Invasion gleich an der richtigen Stelle bekämpfen. Na dann: Gesundheit!

Harte Nüsse 3

Um ihre Gesundheit fürchteten im Juni 2002 auch die Bewohner der indischen Stadt Sangrampur östlich von Kalkutta. Denn damals ging über ihren Häusern zwei Tage lang ein unheimlicher Regen nieder. Dessen Tropfen waren nicht wie üblich durchsichtig. Sondern grün. Besorgnis machte sich breit: War das eine Umweltkatastrophe? Oder ein Chemiewaffenangriff? Wissenschaftler konnten Entwarnung geben: Der Niederschlag war harmlos. Aber woher kam die komische Farbe?

a) In der Nähe des Ortes steht eine Fabrik für Lebensmittelfarben. Dort gab es kurz vor dem Regen eine Panne: Ein Schornstein pustete ein feines Pulver in die Luft, das eigentlich zum Färben von Limonade gedacht war. Nun aber verlieh es den Regentropfen ihren ungewöhnlichen Ton.

b) Als Schuldige an dem rätselhaften Schauspiel konnten Insekten dingfest gemacht werden. Die müssen ja ab und zu auch auf Toilette. Und dabei ist es passiert: Im bunten Regen fand sich ganz gewöhnlicher Bienenkot mit grünlichen Kokosnuss- und Mangopollen darin.

c) Über der Region hatte gleichzeitig mit dem Regen

auch ein Sturm gewütet. Der hatte winzige Grasteil-
chen aus einer benachbarten Deponie für Biomüll auf-
gewirbelt. Und die gingen nun mit dem Regen wieder
zu Boden.

Die richtige Lösung steht auf Seite 179.

4

Steinige Angelegenheiten: Felsen, Berge und Vulkane

Seine leichte Erkältung hat den alten Seemann nicht daran gehindert, ein flottes Tempo anzuschlagen. Etliche Kilometer hat die Wandertruppe schon hinter sich gebracht und so sind seine Zuhörer mittlerweile ziemlich platt. Der bärtige Geschichtenerzähler aber stapft unermüdlich weiter über den Deich. »Wir kommen nie mehr zurück«, jammert ein eher schmächtiger Wanderer. »Ach was, einfach umdrehen und immer am Deich entlang, bis mein Häuschen wieder auftaucht«, meint der Seebär achselzuckend. Er bleibt nur kurz stehen, um dann seinen eigenen Rat zu befolgen: Mit großen Schritten marschiert er in die andere Richtung. Notgedrungen eilen die anderen hinter ihm her, sie wollen ja keine seiner Geschichten verpassen. Doch er hat längst gemerkt, was los ist, und steuert zielstrebig auf eine kleine Holzhütte hinter dem Deich zu. Davor stehen ein paar Bänke und ein Schild, das »Fangfrische Meeresspezialitäten« anpreist. »Hier machen wir ein wenig Pause«, erklärt der alte Mann seinem fußlahmen Publikum. »Ihr könnt euch dann ein paar Krabbenbrötchen hinter die Kiemen schieben, und ich erzähle noch ein paar steinige Storys, die ich während meines Landurlaubs erfahren habe! Kennt ihr zum Beispiel die Geschichte von den Felsen, die anscheinend vom Himmel fallen?«

Höllische Steine?

Natürlich hat davon noch keiner seiner Begleiter gehört. Auch die Menschen, die früher in der Uckermark nördlich von Berlin lebten, rätselten ja lange: Wo waren nur die riesigen Steine hergekommen, die überall in ihrer Heimat im Boden steckten? Wie vom Himmel gefallen lagen die Dinger, die man Findlinge nennt, in der Landschaft herum, auf Wiesen und Feldern und manchmal auch im Wald. Sie waren viel zu schwer, als dass man sie ohne größeren Aufwand hätte transportieren können. Weit und breit gab es keine Berge, die aus ähnlichem Gestein bestanden. Und sahen die tiefen Kratzer in der Oberfläche der Brocken nicht genau so aus, wie man sich die Spuren von teuflischen Krallen immer vorgestellt hatte? Da hatte doch bestimmt der Satan seine Hände im Spiel!

So entstanden viele Geschichten, in denen sich der Höllenfürst als Steinewerfer betätigte. Mal wollte er einen Menschen treffen, der ihm seine Seele verschrieben hatte. Mal störte ihn das Läuten der Glocken auf einem Kirchturm. »Mit seiner Treffsicherheit war es allerdings wohl nicht weit her«, lacht der Seebär in die Krabben kauende Zuhö-

rerschar. »Jedenfalls landeten die höllischen Geschosse irgendwo in der Gegend.« Und da liegen sie noch heute.

Felsen unterwegs

Als Geologen die Findlinge aber genauer anschauten, fanden sie kaum Indizien für den sportlichen Ehrgeiz des Teufels. Forscher können nämlich anhand des Aussehens und
der Zusammensetzung feststellen, woher Gestein ursprüng-
lich stammt. Und die Spur der uckermärkischen Findlinge
führte immer wieder nach Skandinavien. Fragt sich also, wie
ein Felsbrocken aus der Nähe der schwedischen Hauptstadt
Stockholm nach Deutschland kommt. Dafür aber haben die
Wissenschaftler eine ganz nüchterne Erklärung.

Die Geschichte der weit gereisten Felsbrocken reicht zurück bis in die letzte Eiszeit, als Nordeuropa unter einem bis
zu 3 000 Meter dicken Eispanzer lag. In der Zeit vor 20 000
bis 10 000 Jahren sind die Gletscher ein paarmal weit nach
Süden vorgedrungen, manchmal kamen sie fast bis ins heutige Berlin. Dabei waren die Eismassen ständig in Bewegung.
Ganz allmählich flossen sie von den schneereichen Regionen
Skandinaviens Richtung Süden. Was ihnen unterwegs an
Schutt und Steinblöcken in den Weg geriet, wurde ins Eis
eingeschlossen und mitgenommen. Die tiefen Kratzer in den
Blöcken stammen also nicht von Krallen, sondern von scharf-
kantigem Gletscherschutt. Erst dort, wo die gefrorenen Glet-
scherzungen am Ende ihrer Reise zu tauen begannen, spuck-
ten sie ihre steinerne Fracht wieder aus. Wie auf einem Fließ-
band transportierten die Gletscher so skandinavisches Gestein
Richtung Uckermark. Und auch in vielen anderen Regionen
der Erde haben Eismassen solche großen Brocken über Hunderte von Kilometern verschleppt – weshalb man an ganz verschiedenen Orten riesige Steine findet. Ganz ohne teuflische
Unterstützung.

Korallen im Gebirge

»Auch wenn man Korallen und Muscheln hoch oben im Gebirge oder weitab vom nächsten Meer findet, steckt meist nicht der Teufel dahinter«, ergänzt der Seebär trocken. Und auch sonst keine Zauberei. Dabei tauchen solche Meerestiere an den erstaunlichsten Orten auf. »Mann, nicht hier auf dem Deich, Dösbaddel!« Einer der Zuhörer hat doch tatsächlich noch mit dem Brötchen in der Hand auf dem Deich nach Muscheln gesucht. »Ich sagte: In den Bergen! Schwäbische Alb – schon mal gehört?«

In diesem süddeutschen Mittelgebirge wunderten sich die Arbeiter in einem Steinbruch immer wieder über die versteinerten Tiere, die sie auf den Schieferplatten fanden. Muscheln und Korallen, einmal war sogar ein Saurier dabei, der verblüffend einem Delfin ähnelte. Wie aber sollten diese Meerestiere nach Süddeutschland gekommen sein? Erst als Geologen den Schiefer genauer untersuchten, kamen sie der Lösung dieses Rätsels näher.

Alles Land

»Die Steinplatten waren schon 180 Millionen Jahre alt«, erzählt der geologisch gebildete Seebär. Das aber ist verdammt
lange her. Es gab damals schon viele Dinosaurier und die großen Echsen sollten noch weit über hundert Millionen Jahre
das Leben auf der Erde prägen. Damals sah die Erde auch noch
völlig anders aus als heute.

So gab es vor 200 Millionen Jahren unsere heutigen Kontinente noch gar nicht. Die meisten Länder der Erde waren damals nämlich zu einem Riesenkontinent zusammengeklumpt,
den Forscher »Pangäa« nennen. Das ist Griechisch und heißt
ungefähr »alles Land«. Vor mehr als 180 Millionen Jahren
aber brachen Nordamerika und Grönland auf der einen Seite sowie Europa und Afrika auf der anderen Seite ab. Langsam drifteten diese Erdteile auseinander. Wo heute West- und
Mitteleuropa liegen, sackte daraufhin das Land kräftig ab und
die Wellen eines Meeres schwappten bald auch in der Gegend,
in der heute die Schwäbische Alb liegt. Dieses Meer sah so
ähnlich aus wie die Lagunen der heutigen Südsee: Aus dem
flachen Wasser ragten viele Inseln, zwischen denen die Fisch-
saurier den Tintenfischen nachstellten. Riesige Korallenriffe
wuchsen bis unmittelbar unter die Oberfläche des warmen
Wassers.

Dann aber gab es vor ungefähr 135 Millionen Jahren einen Frontalzusammenstoß, als Afrika immer mehr nach Norden driftete und dort mit Europa zusammenprallte. In der
Knautschzone beulte sich die Erde zu den Alpen auf. Auch
im Norden der Berge wurde das Land kräftig angehoben und
tauchte als Schwäbische Alb wieder aus dem Meer auf. Deshalb kann man heute zwischen den Überresten urzeitlicher
Meerestiere auf der Schwäbischen Alb spazieren gehen.

Autoknacker im dunklen Pelz

Inzwischen sind die Zuhörer ausgeruht und die Krabbenbrötchen verspeist. Auch der Hund hat das Betteln um Es-
sensspenden inzwischen aufgegeben. »Langsam könnten wir
zurücklaufen, ich kann ja unterwegs noch ein paar Gebirgs-
geschichten erzählen.« Mit diesen Worten drängt der Seebär
zum Aufbruch. Er muss auch nicht lange überlegen, welche
Story aus seinem großen Vorrat er als Nächstes zum Besten
geben könnte. Die paar Fahrzeuge, die andere Spaziergänger
auf einem kleinen Parkplatz hinter dem Deich abgestellt haben, genügen ihm als Anregung. »Jedes Jahr wird etlichen
Touristen im Yosemite Nationalpark in Kalifornien das Auto
aufgebrochen«, beginnt er schmunzelnd.

Nach einem Tag in der eindrucksvollen Berglandschaft
dieses Naturschutzgebietes stellen viele nichts ahnende Reisende ihren Wagen für die Nacht auf einen Parkplatz. Und
am nächsten Morgen sind die Türen aufgebogen, die Fenster zerbrochen und manchmal sogar die Sitze herausgerissen.
Die Übeltäter haben es allerdings nicht auf Geld und Wert-
sachen abgesehen – der Picknickkorb ist viel interessanter.
Denn bei den professionellen Autoknackern handelt es sich
um Schwarzbären, die im Inneren der Fahrzeuge eine leckere
Mahlzeit zu finden hoffen.

»Wenn ihnen der Magen knurrt, stopfen sich Schwarzbären
so ziemlich alles Fressbare ins Maul, das sie finden können«,
erklärt der alte Seemann. Beeren, Obst und Wurzeln stehen
ebenso auf ihrer Speisekarte wie junge Elche und Hirsche. Sogar Ameisen verschmähen sie nicht. Viele der etwa 100 Kilo
schweren Allesfresser haben allerdings gelernt, dass es in der
Nähe von Menschen besonders viel und besonders leckeres
Futter gibt. Immer wieder plündern sie Mülltonnen, stehlen
die Essensvorräte von Campingurlaubern und brechen sogar

in Häuser ein. Für ihre menschlichen Nachbarn lautet daher eine der wichtigsten Regeln: Essen und Biomüll nie offen herumliegen lassen. Auch nicht im Auto.

Denn in einen Wagen hineinzukommen, fällt den Tieren nicht schwer. Schließlich sind sie nicht nur kräftig, sie haben auch geschickte Pfoten mit ziemlich langen Krallen. Damit lässt sich ein Baumstamm oder Ameisenhaufen genauso gut auseinandernehmen wie eine dieser seltsamen Blechkarossen, mit denen die zweibeinigen Nationalparkbesucher unterwegs sind. Zwischen 2001 und 2007 haben die Tiere im Schutzgebiet 1111 Fahrzeuge aufgebrochen. Genau wie bei menschlichen Autoknackern sind allerdings auch bei Bären nicht alle Modelle gleich beliebt. US-amerikanische Forscher haben alle Fälle ausgewertet, um die besonders gefährdeten Fahrzeugtypen zu ermitteln. Demnach haben die vierbeinigen Täter eine große Vorliebe für Minivans und eine Abneigung gegen Limousinen.

Was genau aus Bärensicht für einen Minivan spricht, wissen die Forscher noch nicht so genau. Aber sie haben ein paar Ideen. So sind in solchen Autos oft Familien mit kleinen

Kindern unterwegs. Und die verschütten während der Fahrt schon mal ein Getränk oder lassen ein Stück Schokolade fallen. Vielleicht riechen diese Wagen also besonders vielversprechend nach interessantem Bärenfutter. Oder sie sind leichter aufzubrechen als andere. Es könnte aber auch sein, dass die Fälle alle auf das Konto von einer Handvoll Bären gehen, die sich einfach aus Gewohnheit immer wieder auf die gleichen Modelle verlegen.

Pflanzliche Betrüger

Es sind aber nicht nur tierische Gebirgsbewohner, die einen Hang zu kriminellen Aktionen haben. Im Nahen Osten gibt es zum Beispiel eine Pflanze, die sich auf professionellen Trickbetrug spezialisiert hat. Und das schon seit etwa 40 Millionen Jahren. Opfer sind in diesem Fall allerdings keine Menschen, sondern Fruchtfliegen.

Die Schwarze Calla ist eine bis zu 40 Zentimeter hohe Pflanze, die zum Beispiel in Israel oder im Hermon-Gebirge an der Grenze zwischen Libanon und Syrien wächst. Sie ist mit dem Gefleckten Aronstab verwandt, der auch in Deutschland vorkommt. Ihre großen, lila Blüten, die wie Trichter aussehen, lässt die Schwarze Calla von Fruchtfliegen bestäuben. Die kleinen Insekten machen das allerdings nicht ganz freiwillig, man muss ihnen schon etwas bieten. Einen Schluck Wein vielleicht? Gute Idee! Denn viele Fruchtfliegen fressen überaus gerne Hefepilze. Die finden sich auf fauligem Obst und verwandeln den darin enthaltenen Zucker in Alkohol. Ein Leckerbissen! Das wissen auch die Insekten, die ein feines Gespür für die dabei entstehenden Düfte entwickelt haben. Der Geruch nach fruchtigem Wein, den die Blüten der Schwarzen Calla aussenden, ist also genau das richtige Lockmittel.

Doch das verführerische Aroma ist eine Fälschung. Wenn die kleinen Fruchtfliegen darauf hereinfallen und in die Blüte krabbeln, erleben sie eine böse Überraschung. Nicht nur, dass dort weder Hefepilze noch Alkohol warten. Das betrügerische Gewächs schließt seine ahnungslosen Opfer auch noch stundenlang in der Blüte ein. Während dieser Haft bleibt den Tieren nicht viel anderes übrig, als die gewünschte Bestäubungsarbeit zu leisten. Nach einer Nacht in ihrem pflanzlichen Gefängnis kommen die Insekten dann meist unbeschadet wieder frei – bis sie sich das nächste Mal von blühenden Betrügern täuschen lassen.

Wellness im Dampfbad

»In den Bergen gibt es aber nicht nur Betrüger und Räuber, dort kann man auch angenehm relaxen«, erzählt der Seebär und läuft weiter munter über den Deich in Richtung Häuschen. Sein vierbeiniger Begleiter stürmt schwanzwedelnd voraus, denn am Horizont sieht man bereits das Schilfdach zwischen den Dünen. Am Himmel aber jagt schon der nächste Aprilwetterschauer auf die Wanderer zu, der das richtige

Stichwort liefert: »An einem so ungemütlichen Tag gibt es kaum etwas Angenehmeres, als entspannt im heißen Wasser zu sitzen und die Seele baumeln zu lassen!« Das leuchtet den Zuhörern sofort ein. Die Geschichte hat allerdings gleich zwei Haken: Das Dampfbad steht weit weg in Japan. Und es ist obendrein bereits besetzt.

Wenn es Winter ist und die Temperaturen unter den Gefrierpunkt sinken, hocken in den heißen Quellen des Jigokudani-Yaen-Koen-Nationalparks im Norden Japans badende Gestalten mit roten Gesichtern und Eiszapfen in den grauen Haaren. Es sind Rotgesichts-Makaken und sie scheinen das warme Bad an kalten Tagen genauso zu genießen wie menschliche Wellness-Urlauber. Das ist auch durchaus verständlich. Schließlich gibt es auf der ganzen Welt keine andere Affenart, die sich mit so frostigen Temperaturen herumschlagen muss. Warum sollte man da nicht in einen verlockenden, warmen Felsenpool klettern, um die Kälte aus den Knochen zu vertreiben?

Das scheint zwar eigentlich ein ziemlich naheliegender Gedanke zu sein. Trotzdem ist die Badetradition der Makaken erst ein paar Jahrzehnte alt. Generationen von Affen hatten aus den Quellen nur getrunken, ohne sich den Pelz nass zu machen. Bis Anfang der 1960er-Jahre ein Weibchen zum ersten Dampfbad der Affen-Geschichte ins Wasser stieg und damit eine neue Form der Freizeitgestaltung erfand. Dann dauerte es allerdings nicht mehr lange, bis auch seine Gefährten auf den Geschmack kamen. Schon ein Jahr später saßen regelmäßig wärmesuchende Rotgesichts-Makaken im Pool.

Schlummernde Riesen

»Damit liegen die Affen nicht nur gesundheitsmäßig voll im Trend«, lobt der Seebär die haarige Verwandtschaft. »Sie sind auch energiebewusst! Schließlich heizen sie ihr Dampfbad mit Wärme aus dem Erdinneren. Sehr umweltfreundlich!« In Japan gibt es nämlich viele Vulkane, die Hitze aus den tieferen Regionen des Planeten bis an die Oberfläche tragen. »So ein Fudschijama, oder wie diese Vulkane auch heißen mögen, ist zwar ganz nett«, murmelt der weit gereiste Geschichtenerzähler weiter. »Aber es gibt auch Supervulkane, die sehen ganz anders aus!«

Natürlich will da jeder wissen, wie solche Supervulkane aussehen und wo ihre Gefahren denn lauern. »Och, davon gibt es einige«, meint der bärtige Wanderer. »In Neuseeland zum Beispiel.« Dabei sieht die Landschaft dort ganz harmlos aus, nur am Horizont tauchen die Silhouetten einiger schneebedeckter Berggipfel auf. Das sind aber ganz normale Vulkane, der Supervulkan verbirgt sich unter dem dunkelblauen Taupo-See, dessen Wellen im Zentrum der Nordinsel leise an seine saftig grünen Wiesenufer plätschern. Dort schlendern Einheimische und Touristen sorglos entlang. Tief im Erdinneren aber liegen riesige Kammern mit glutflüssigem Gestein, die eines Tages als Supervulkan explodieren und dabei das Leben auf dem gesamten Globus in Mitleidenschaft ziehen könnten.

Berlin unter 1300 Metern Asche?

Sein Ausbruch würde alles in den Schatten stellen, was Geschichtsbücher und Überlieferungen der Menschheit über solche Ereignisse zu berichten wissen. Vor 22 600 Jahren explodierte der Supervulkan unter dem heutigen Taupo-See in Neuseeland zum bisher letzten Mal und schleuderte dabei 1170 Kubikkilometer Asche und aufgeschäumte, glutflüssige Lava in die Luft. Würde eine solche gigantische Menge heute über die 892 Quadratkilometer große Fläche von Berlin verteilt, verschwände die Stadt unter einer mehr als 1300 Meter hohen Schicht dieser »Tephra« genannten Masse. Als dagegen 1980 an der Pazifikküste der USA der Mount Saint Helens ausbrach, war das zwar eine der größten Eruptionen des 20. Jahrhunderts. Mit 1,2 Kubikkilometern Tephra

blies diese Explosion gerade ein Tausendstel der Masse des Taupo-Ausbruchs in die Luft.

»Dabei war der Supervulkan in Neuseeland sogar noch relativ harmlos«, erzählt der Seebär seinen atemlos lauschenden Zuhörern, die ihre Wanderung unterbrochen haben, um ja kein Wort zu verpassen. Vor 75 000 Jahren explodierte auf der Insel Sumatra in Südost-Asien der Toba-Supervulkan. Mit 2800 Kubikkilometern katapultierte der Berg genug Tephra in die Atmosphäre, um eine Stadt wie Berlin unter einer mehr als 3100 Meter hohen Schicht zu begraben.

Vulkanwinter

50 Kilometer hoch dürften damals Gestein und Asche in die Luft geschleudert worden sein. Da war auch jede Menge Schwefeldioxid dabei. Dieses Gas ist besonders heimtückisch, weil es in den obersten Schichten der Atmosphäre Wolken aus Schwefelsäure bildet. Diese aber lässt das Sonnenlicht nicht mehr durch und reflektiert es. Dadurch wird es unter der Wolke eisig kalt. Nach dem Toba-Supervulkan-Ausbruch war es dann auch auf der gesamten Erde rund tausend Jahre lang extrem frostig. Die Erde wurde zu einer Art Kühlhaus, in dem die noch junge Menschheit wohl nicht mehr genug zu essen fand. Vermutlich haben auf der ganzen Welt höchstens 2000 Menschen diese lange Hungerperiode überlebt. »Da wären wir beinahe ausgestorben und wir hätten uns nie unterhalten können«, meint der Seebär nachdenklich.

Auf der Erde gibt es aber noch weitere Supervulkane. So verbirgt sich unter dem Yellowstone-Nationalpark in den USA eine 60 Kilometer lange, 40 Kilometer breite und zehn Kilometer hohe Kammer mit glutflüssigem Gestein, das Geoforscher »Magma« nennen. Dieser Supervulkan brach vor 640 000 Jahren zum bisher letzten Mal aus.

Übrig bleibt ein gigantisches Loch

So eine Eruption hat der Vulkanforscher Thomas Walter vom Deutschen GeoForschungsZentrum (GFZ) in Potsdam dem alten Seemann beschrieben: »In diesen riesigen Kammern strömt immer neues Magma nach, dadurch wölbt sich das Gestein darüber auf.« Das Ganze passiert recht langsam, mit bloßem Auge sieht man das gar nicht. In der Magmakammer aber steigt der Druck kräftig an. Dadurch bilden sich an ihrem

Rand bald Risse im Gestein, durch die später Magma nach oben steigt. Die Eruption beginnt daher in einem gigantischen Ring über den Rändern der Magmakammer. Dadurch verliert der schwere Deckel über dem zähflüssigen Gestein jeden Halt und bricht während der Eruption in die Tiefe, während gleichzeitig Magma bis in Höhen von 50 Kilometern geschleudert wird. Nach der Eruption bleibt daher nicht etwa ein kegelförmiger Berg wie bei einem kleineren Vulkan zurück, sondern ein gigantisches Loch, das Forscher »Caldera« nennen. Im Laufe der Jahrtausende läuft Wasser in diese Vertiefung. Eingeschwemmte Sedimente füllen den so entstandenen See im Laufe der Jahrtausende langsam auf, das Gewässer wird mit der Zeit immer flacher. Übrig geblieben ist zum Beispiel in der Caldera des Taupo-Supervulkans in Neuseeland daher ein riesiger See, der mit 616 Quadratkilometern deutlich größer als der Bodensee ist.

Schlummernde Verdächtige

Die Zuhörer sind jetzt doch etwas nervös geworden. »Und wann bricht der nächste Supervulkan aus?«, fragt einer mit leiser Stimme. Der alte Seemann zuckt mit den Schultern: »Das weiß niemand. Aber einige Forscher sind diesen gefährlichen Riesenmagmakammern auf der Spur.« Mit Radar-Untersuchungen eines europäischen Umweltsatelliten haben der GFZ-Forscher Thomas Walter und seine Kollegen sogar schon zwei Verdächtige entdeckt. Beide liegen hoch oben in den südamerikanischen Anden im Dreiländereck zwischen Chile, Bolivien und Argentinien. Eines dieser Gebiete wird »Vilama-Caldera« genannt und hat einen Durchmesser von 70 Kilometern. Dort wölbt sich der Boden jedes Jahr um 1,5 Zentimeter in die Höhe. Die Region Lazufre unmittelbar an der Grenze zwischen Chile und Argentinien ist nur wenige Hundert Kilometer entfernt. Sie hebt sich auf einer Fläche von 50 mal

30 Kilometern und damit der doppelten Größe Berlins sogar jedes Jahr um 3,5 Zentimeter. Bei einem normalen Vulkan wären solche Verformungen wichtige Warnsignale: Das Ding wird wohl bald ausbrechen! Mit Supervulkanen dagegen hat niemand Erfahrung, daher lässt sich auch die Gefahr kaum einschätzen.

Eine Sache stimmt Thomas Walter allerdings sehr nachdenklich: Im Dreiländereck zwischen Chile, Bolivien und Argentinien haben Vulkanforscher bisher die Spuren etlicher Supervulkanausbrüche gefunden. Vor zehn, acht, sechs und vier Millionen Jahren gab es dort jeweils mehrere solcher Eruptionen, vor zwei Millionen Jahren fand eine weitere statt. Ist also bald wieder eine fällig? Bahnt sich unter der Lazufre-Hebung eine neue Katastrophe an? Niemand weiß es. Aber Thomas Walter behält die Region für alle Fälle gut im Auge, denn ein weiterer Supervulkanausbruch hätte unabsehbare Folgen für das Klima auf der ganzen Erde.

Zu Besuch bei Feuerzwergen

Der Seebär läuft mittlerweile mit weit ausholenden Schritten, um vor dem drohenden Regen zu seinem Häuschen zu kommen. »So ein Vulkanausbruch ist ja eine spannende Sache«, murmelt er dabei in seinen Bart. Aber so ganz nah möchte man dann lieber doch nicht dran sein an der brodelnden Hitze und dem glutflüssigen Gestein. Für Temperaturen, die ihnen die Sohlen unter den Schuhen wegschmelzen, sind Menschen einfach nicht gemacht. Und die meisten anderen Lebewesen auch nicht. »Es gibt aber ein paar Extremisten auf der Erde, die fühlen sich dann erst richtig wohl«, beginnt der Seebär die nächste unglaubliche Geschichte.

Diesen Überlebenskünstlern ist der Forscher Karl Stetter auf der Spur. In Vulkangebieten, Öllagerstätten und an heißen

Tiefseequellen fahndet der Mikrobiologe von der Universität Regensburg nach Leben. Und was er in diesen unwirtlichen Gegenden findet, verblüfft ihn selbst immer wieder. Da wimmelt es von winzigen Organismen, die Hitze, Druck und ätzenden Schwefeldämpfen trotzen. »Feuerzwerge« nennt der Forscher diese Mikroben, die in Sachen Widerstandsfähigkeit die meisten anderen Lebewesen in die Tasche stecken.

Eine Art mit dem hübschen Namen Pyrococcus furiosus, was auf Deutsch »rasende Feuerkugel« heißt, wird zum Beispiel erst bei Temperaturen von 100 Grad Celsius so richtig aktiv und schwimmt eifrig durch das Wasser. Ist es ihm zu kalt, hängt der Feuerzwerg bewegungslos in der Ecke. Pyrolobus fumarii, der »Feuerlappen aus der Tiefsee«, wächst erst bei Temperaturen von mehr als 90 Grad Celsius und überlebt sogar stundenlanges Erhitzen auf mehr als 120 Grad bei hohem Druck. Diese Dampfkochtopf-Be-

dingungen töten normalerweise jedes Leben ab. Auch mit hohen Konzentrationen von Säure und Salz haben viele der kochfesten Winzlinge kein Problem. Man kann sozusagen mit dem Hammer draufschlagen und sie lassen sich davon kaum beeindrucken.

Das bringt Wissenschaftler auf einen spannenden Verdacht. »Vielleicht stammen wir ja alle von Feuerzwergen ab«, meint der alte Seebär nachdenklich. Denn als das Leben vor etwa vier Milliarden Jahren entstand, musste es auf einer extrem heißen Erde ohne Sauerstoff zurechtkommen – genau wie die heutigen Bewohner der brodelnden Vulkangebiete und Tiefseequellen.

Mit ihren speziellen Talenten könnten die winzigen Hitzefans wohl sogar auf anderen Planeten wie dem Mars leben. Dessen Oberfläche ist heute so kalt, dass es dort kein flüssiges

Wasser gibt. Das aber braucht selbst der widerstandsfähigste Feuerzwerg. In der Tiefe des Roten Planeten aber gibt es möglicherweise genügend Wasser und Hitze, um Feuerzwerge oder ähnliche Organismen am Leben zu halten.

Meteorite könnten die Mikroben vielleicht sogar von einem Planeten zum anderen getragen haben, meint Karl Stetter. Denn trotz ihrer Begeisterung für hohe Temperaturen vertragen Feuerzwerge sogar langes Einfrieren bei minus 140 Grad Celsius. Wenn sie dann wieder aufgetaut sind und günstigere Bedingungen vorfinden, können sie sich problemlos wieder vermehren. Und das, so glaubt der Regensburger Mikrobiologe, macht sie zu idealen Weltraumreisenden.

Megakatastrophe in Europa

»Also für mich wäre so eine Tour durchs All ja nichts«, meint der alte Seefahrer, als die Wanderer fast wieder an seinem Häuschen hinter dem Deich angekommen sind. »Aber manchmal kommen Besucher aus dem Weltraum ja auch zu uns.« Zwar nur in Form von gigantischen Steinbrocken, auf denen bisher keine lebenden Passagiere nachgewiesen wurden – aber immerhin.

Solche Einschläge können riesige Katastrophen auslösen. So schüttelte vor recht genau 201 Millionen Jahren ein gigantisches Erdbeben West- und Mitteleuropa durch. »Das war ungefähr hundertmal stärker als das große Erdbeben, das im März 2011 Teile von Japan verwüstete«, verblüfft der Seebär seine Zuhörer.

Erfahren hat er die Geschichte aus der Urzeit von zwei Geologen. Martin Schmieder arbeitet an der Universität von West-Australien in Perth und Elmar Buchner leitet in Nördlingen das Rieskrater-Museum. Der Rieskrater ist eine hundert bis 150 Meter tiefe Ausbuchtung in der Schwäbischen Alb und hat einen Durchmesser von rund 22 Kilometern. Diese Delle in Süddeutschland entstand vor 14,6 Millionen Jahren, als ein Steinbrocken aus dem Weltraum im heutigen bayerischen Schwabenland einschlug. Dieser Steinbrocken aber hatte mit einem Durchmesser von vielleicht einem Kilometer die Ausmaße eines Berges im Mittelgebirge. Der Einschlag verdampfte große Mengen Gestein und eine Glut- und Druckwelle mit Windgeschwindigkeiten von 600 Kilometern in der Stunde tötete im Umkreis von 100 Kilometern vermutlich alle Säugetiere und die meisten Pflanzen.

Eisenmeteorit trifft Zentral-Massiv

Ein ähnlicher Treffer wie in der schwäbischen Alb war auch die Ursache für das Mega-Erdbeben vor 201 Millionen Jahren, haben die beiden Forscher aufgedeckt. Damals donnerte ein Eisenmeteorit aus dem Weltraum mit einem Durchmesser von rund einem Kilometer, einem Gewicht von mehreren Milliarden Tonnen und einer Geschwindigkeit von vielleicht Hunderttausend Kilometern in der Stunde in der Nähe der modernen französischen Stadt Limoges in das heutige Zentral-Massiv im Herzen Frankreichs. Wie auch im Nördlinger Ries entstanden Temperaturen von einigen Tausend Grad Celsius und ein gigantischer Druck. Schlagartig verdampften einige Milliarden Tonnen Gestein. So entstand nicht nur ein Krater mit einem Durchmesser von 40 oder sogar 50 Kilometern, sondern eben auch ein Erdbeben ungeahnter Stärke.

Das Zentral-Massiv war damals aber kein Mittelgebirge und es lag auch nicht auf dem Festland. Die Gegend war vielmehr eine große Insel in einem relativ flachen Meer, das Geologen Tethys nennen. Später wurde daraus das Mittelmeer. Ob der Meteorit damals direkt das Zentral-Massiv getroffen hat, ob er vielleicht in die Küstenregion oder sogar ins Meer donnerte, wissen die Forscher nicht. Jedenfalls löste der Volltreffer gewaltige Wellen im Tethysmeer aus. Dieser Tsunami verwüstete dann eine entfernte Inselgruppe, die heute den Namen Großbritannien trägt.

Schon der Einschlag selbst hat wohl im Umkreis von 100 Kilometern alles Leben ausgelöscht. Noch 300 Kilometer entfernt war es vermutlich so heiß, dass sämtliche Organismen schwerste Verbrennungen erlitten. »Zwar treffen so große Himmelskörper im Durchschnitt nur in Abständen von mehreren Millionen Jahren auf die Erde«, erklärt Martin Schmieder. »Wenn es aber passiert, sind die Auswirkungen unvorstellbar.«

Harte Nüsse 4

Bei dieser Geschichte ist so manchem Zuhörer ein Schauder über den Rücken gelaufen. Und bevor sich die Gäste für heute von ihm verabschieden, kommt der Seebär dann auch noch mit einer harten Nuss, die ebenfalls recht unheimlich klingt: Auf dem Brocken, einem Berg in der Mitte Deutschlands, gehen nämlich geheimnisvolle Dinge vor. Alte Sagen erzählen, dass auf dem höchsten Berg im Harz in der Walpurgisnacht die Hexen tanzen. Doch das ist noch nicht alles. Man hat dort auch gute Chancen, einem Brockengespenst zu begegnen. Wie aber sieht so eine Begegnung aus?

a) Man sieht in einer Mondnacht eine fahle Gestalt im Geäst eines Baumes hocken. Und noch bevor man sich fragen kann, ob man vielleicht träumt, hört man auch noch schaurige, hohle Rufe. Dahinter steckt aber nur eine kleine Eule, die mit dem Steinkauz verwandt ist und nur in diesem Mittelgebirge vorkommt.

b) Man sitzt in einer Kneipe und lässt sich dazu überreden, die örtliche Spezialität zu probieren. Der Schnaps mit dem schönen Namen »Brockengespenst« wird nach einem jahrhundertealten Rezept aus sieben verschiedenen Kräutern hergestellt, die in einer Neumondnacht auf dem Brocken gesammelt werden. Wer davon zu viel trinkt, kann schon mal ein paar Gespenster sehen…

c) Man wagt sich bei schlechtem Wetter auf den Berg. Und plötzlich sieht man in einer Nebelwand den eigenen Schatten – riesengroß und gespenstisch wabernd. So sehr ist man vor sich selbst wohl noch nie erschrocken.

Die richtige Lösung steht auf Seite 179.

5

Welt aus Sand: Die Wüste lebt - und singt

Am nächsten Morgen pfeift wieder ein Sturm um das Häuschen hinterm Deich. Der Seebär ist bester Dinge, summt Seemannslieder vor sich hin und hat gerade seinen Tee ausgetrunken, als es an der Tür klopft. Die Geschichten aus den Bergen und von den Vulkanen haben die Zuhörer so begeistert, dass sie heute unbedingt mehr hören wollen. Und weil einigen von ihnen ganz offensichtlich noch die lange und anstrengende Deichwanderung in den Knochen steckt, hat der alte Mann ein Einsehen: »Bei dem Schietwetter schickt man ja keinen Hund vor die Tür«, murmelt er und krault dabei seinen Schäferhund, der sich entspannt vor den Ofen gelegt hat. »Heute bleiben wir hier«, verkündet er. »Das ist genau das richtige Wetter, um in einer gemütlichen Stube von Gegenden zu erzählen, in denen es praktisch nie regnet.« So beginnt das Kontrastprogramm zu der prasselnden Sintflut, die plötzlich an die Scheiben hämmert. Mit seinen Erzählungen entführt der alte Seemann alle in eine trockene Welt aus Sand und Steinen, der Wissenschaftler wie Ingo Rechenberg von der Technischen Universität Berlin immer neue Geheimnisse entlocken.

Die Wälder der Sahara

So ein Wüstenforscher braucht für seine Arbeit ja vor allem eins. Klar: eine Wüste. In der Sahara hätte er da früher schon mal schlechte Karten gehabt. Denn wo heute Felsen, Geröll und Sand ein Gebiet von der Größe der USA bedecken, lag vor 8 000 Jahren eine Savanne. Das war ein endloses Grasland mit vielen Bäumen, durch das Nashörner, Elefanten und riesige Antilopenherden trotteten. »Die Sahara war einst grün«, beginnt der Seebär seine erzählerische Wüstenexpedition.

Diese Geschichte fing an, als vor 20 000 Jahren mächtige Gletscher in Europa bis vor die Tore der heutigen Städte London, Hamburg und Berlin reichten. Damals war es fast überall auf der Erde deutlich kälter als heute, und es regnete und schneite auch seltener. Deshalb war das Wüstengebiet in Nordafrika noch trockener als jetzt. Nach vielen Jahrtausenden aber wurde es wieder wärmer, die Gletscher zogen sich zurück, das Eis in Mitteleuropa taute und die Niederschläge nahmen wieder zu. In dieser Zeit war es auf der Erde durchschnittlich sogar mehr als zwei Grad Celsius wärmer als heute. Vor etwas mehr als 10 000 Jahren scheinen auch die Winde stärker geweht und so deutlich mehr Regenwolken in die Sahara getragen zu haben. Das sprießende Gras und die keimenden Bäume wiederum lockten die großen Tiere in die entstehende Savanne.

Die Idylle war aber nicht von Dauer. Höchstens ein paar Tausend Jahre blieb die Sahara ein Schlaraffenland für Elefanten und Antilopen. Denn überall auf der Erde wurde es wieder kühler, die Temperaturen sanken auf das heutige Niveau. Vor 7 300 Jahren flauten dann auch die Winde langsam ab. Die Wolken kamen seltener, die Bäume vertrockneten und gingen ein. An ihrer Stelle wuchsen Dornbüsche. Doch auch für diese anspruchslosen Wassersparer reichte es nicht mehr,

als vor 4 300 Jahren noch weniger Regen fiel. Damals ernähr-
ten die spärlichen Tropfen nur noch eine Graslandschaft. Und
schließlich verschwand vor 3 000 Jahren auch das wogende
Gräser-Meer, weil der Regen fast ganz ausblieb. Seither ist die
Sahara eine trockene Welt aus Steinen, Geröll und Sand. Dort
untersucht Ingo Rechenberg, wie die wenigen verbliebenen
Tiere und Pflanzen in so einer harschen Umgebung überleben
können.

Handstand-Überschlag

Sein Leben lang wird der Forscher jene seltsame Begegnung
nicht vergessen, die er vor ein paar Jahren in einer Wüsten-
nacht in Marokko hatte. Mit einem Scheinwerfer in der Hand
wanderte er durch die Dünen der Wüste Erg Chebbi am Rand
der Sahara. Erst wenn es dunkel ist, erwacht dort die Tierwelt,
die tagsüber in geheimen Verstecken vor der brennenden
Sonne Schutz gesucht hat. Und tatsächlich kam plötzlich ein
Tier angerannt und überholte den nächtlichen Wanderer. Ingo
Rechenberg dachte erst an eine Echse, sah dann aber eine hel-
le Spinne ein paar Meter entfernt im Sand hocken. Groß wie

ein Handteller und mit langen Beinen. Neugierig geworden fing er das Tier ein. Doch als er nach Sonnenaufgang Filmaufnahmen davon machen wollte, rollte ihm sein achtbeiniger Hauptdarsteller einfach davon.

Ingo Rechenberg ist heute noch voller Begeisterung, wenn er daran denkt. Denn bis dahin hatte niemand gewusst, dass Spinnen so ein ungewöhnliches Kunststück beherrschen. Man kannte zwar die Goldene Radspinne aus der Wüste Namib, die sich manchmal mit angezogenen Beinen einen Hügel hinunterkullern lässt. Das aber würde Ingo Rechenbergs Radlerspinnen wohl nur ein müdes Lächeln entlocken. Denn diese Tiere können Radschlagen wie Profiturner. Immer wieder stoßen sie sich mit den Beinen ab und reihen so einen Handstand-Überschlag an den nächsten. Rückwärts kommen sie dabei genauso gut voran wie vorwärts, manchmal wirbeln sie sogar bergauf über den Sand. Und wenn sie es besonders eilig haben, legen die sportlichen Spinnen den Turbogang ein, bei dem sie zwischen den Überschlägen auch noch Sprünge einschieben.

Doch was soll das Ganze eigentlich? Warum sich als Akrobat betätigen, wenn man auch ganz normal auf acht Beinen laufen könnte? Es scheint dabei ums Energiesparen zu gehen.

Wenn normale Spinnen ein paar Meter gerannt sind, können sie nicht mehr. Dann müssen sie einmal stehen bleiben und neue Kraft schöpfen. Die Radlerspinnen aber verbrauchen beim Rollen nur halb so viel Energie wie beim Laufen. Also kommen sie auf diese Weise doppelt so weit. Oder sie können mehr Tempo machen und vor Wüstenrennmäusen und anderen Feinden doppelt so schnell flüchten.

Aus der Sahara auf den Mars?

Allein so eine Entdeckung zu machen, war für Ingo Rechenberg schon eine tolle Sache. Doch das reichte ihm und seinen Kollegen nicht. Sie wollten die Kunststücke der sportlichen Spinnen nachmachen und bauten einen kleinen, beweglichen Roboter, den sie »Tabbot« nannten.

Der Name kommt von dem Wort »Tabacha«, was in der Sprache mancher Sahara-Völker »Spinne« heißt. Tabbot ist etwa so groß wie ein Frühstücksteller und bewegt sich so ähnlich wie die achtbeinigen Wüstenakrobaten. Er besitzt zwar nur drei Beine, doch damit bekommt er auch einen recht guten Handstand-Überschlag hin. Dazu klappt er zunächst eines seiner von einem Motor angetriebenen Gliedmaßen aus. Ein kleines Messgerät sorgt dafür, dass sich dieses Bein so lange abstößt, bis der Roboter ein Stück vorwärtsgekommen ist. Erst dann kommt das nächste Bein an die Reihe.

So sportlich und geschickt wie sein natürliches Vorbild ist Tabbot zwar noch nicht. Und auch mit dem Rückwärtsrollen ist er noch überfordert. Trotzdem sind seine Erfinder schon

recht zufrieden mit ihm. Denn die ungewöhnliche Form der
Fortbewegung hat durchaus ihre Vorteile. Es gibt zwar schon
Roboter, die auf sechs oder acht Beinen laufen. Die sind al-
lerdings nicht nur sehr langsam, sondern auch schwer zu
steuern. Die meisten Konstruktionen, die für einen Einsatz im
Gelände gedacht sind, bewegen sich daher immer noch auf
Rädern. Doch das hat seine Tücken. So blieben die kleinen
Erkundungsfahrzeuge, die Planetenforscher auf den Mars geschickt haben, mit ihren sechs Rädern regelmäßig im Sand
stecken. Das würde Tabbot nicht passieren, davon ist Ingo
Rechenberg überzeugt. Denn der Spinnenroboter verbindet
die Vorteile von Rollen und Beinarbeit. Da er keine Räder hat,
können die auch nicht durchdrehen und sich im Sand festfah-
ren. In der Sahara kommt er schon gut klar. Vielleicht wird er
ja eines Tages auch in den Weltraum starten und dann durch
den Marssand kugeln - und zwar im Dienst der Wissenschaft!

Singender Sand

»Sand ist ja überhaupt eine faszinierende Sache«, nickt der
alte Seebär und holt einen Karton mit kleinen Fläschchen aus
dem Schrank. Von vielen seiner Reisen hat er sich als Anden-
ken eine Handvoll Körner vom Strand oder aus den Dünen
mitgebracht. Groben Sand und pudrig feinen. Schneeweißen,
gelben und rötlichen. Und sogar pechschwarzen vom Fuß der
Vulkane. Eins aber enttäuscht ihn ein bisschen: Aus seinen
Flaschen dringt kein Laut. Was soll Sand auch schon für Geräusche machen, könnte man denken. Ein bisschen trocke-
nes Rieseln vielleicht. Ansonsten schweigen die Körner, wie
es ihre Art ist. »Ja, von wegen«, wirft der Seefahrer ein und
schüttelt ein Sandglas. »In manchen Wüsten gibt es singende
Dünen.«

   Davon haben schon die Reisenden früherer Jahrhunderte

immer mal wieder berichtet. Allerdings ernteten sie damit bei
vielen ihrer Zuhörer nur hochgezogene Augenbrauen und ungläubiges Kopfschütteln. So mancher hat sich wahrscheinlich
auch an die Stirn getippt. Singender Sand? Na klar! Wahrscheinlich auch noch sprechende Felsen. War es da in der
Wüste vielleicht doch ein bisschen zu heiß gewesen für den
Verstand?

Inzwischen gibt es allerdings viele Zeugen, die den geheimnisvollen Dünen-Chor mit eigenen Ohren gehört haben. Auch
Wissenschaftler, die garantiert keinen Sonnenstich hatten.
Wenn die musikalischen Sandberge in Stimmung sind, hängt
ein minutenlanges Getöse in der Luft. Ein Geräusch wie Donnergrollen, wie galoppierende Pferde oder wie eine Propeller-
maschine im Tiefflug.

Wie aber entstehen diese rätselhaften Töne? Diese Frage hat
Wüstenforschern eine harte Nuss zu knacken gegeben. Auf die
richtige Fährte kam ein britischer Wissenschaftler allerdings
schon in den 1960er-Jahren. Er hatte nämlich festgestellt, dass
die Dünen ihr Konzert immer dann anstimmten, wenn gerade

eine Sandlawine von ihren Flanken rutschte. Was dabei genau
vor sich geht, haben französische Forscher aber erst Anfang
des 21. Jahrhunderts herausgefunden. Sie haben die Stimmen
von marokkanischen Dünen auf Band aufgenommen und auch
Sand mit nach Hause ins Labor genommen. Erst so sind sie
hinter das Geheimnis des singenden Sandes gekommen.

In so einer Lawine stoßen die einzelnen Körner ja ständig
zusammen. Dabei gibt es jedes Mal ein winziges Geräusch.
Wenn die Teilchen in einem wilden Chaos bergab wirbeln,
sind das ganz unregelmäßige Laute mit vielen unterschiedlichen Tonhöhen. In den singenden Dünen aber rennen die
Körner sozusagen im Gleichschritt bergab. Dann wiederum
sind die Tonhöhen gleich – und die vielen leisen Geräusche
verstärken sich zu einem gemeinsamen Getöse. Das klappt
allerdings nur unter bestimmten Bedingungen, schließlich
machen ja auch nur die wenigsten Dünen auf der Welt mit
musikalischen Talenten von sich reden. Der Sand muss zum
Beispiel extrem trocken sein, steile Hänge sind auch günstig.
Und auch die Form, die Größe und das Material der Körner
spielen eine Rolle.

Seit die Forscher das wissen, können sie in ihrem Sandla-
bor die verschiedensten Klänge erzeugen. Sogar eine CD mit
dem besten Dünen-Sound haben sie schon zusammengestellt.
Irgendwann aber sind auch Sand-Sänger reif für den Ruhe-
stand. Nach etlichen Lawinenversuchen hatten sich die marokkanischen Körner die dünne Hülle aus Eisen, Mangan und
Silizium von ihrer Oberfläche geschmirgelt. Die aber scheint
für ihre Konzerte wichtig zu sein. Jedenfalls schweigen sie
von da an.

Kampf dem Schmirgelpapier!

Sandkörner schmirgeln aber nicht nur ihre Nachbarn ab, sondern auch alles andere. Eine Plastikflasche muss nur eine Woche lang in der Wüste gelegen haben, schon ist sie völlig stumpf und undurchsichtig geworden. Einem Sandfisch passiert das nicht. Dabei pflegen diese kleinen Echsen einen Lebensstil, der ihnen eigentlich die Haut vom Körper raspeln müsste. Sobald sie sich bedroht fühlen, verschwinden sie nämlich blitzschnell komplett im Sand. Unter der Oberfläche bewegen sie sich dann sehr geschickt, sie schwimmen sozusagen durch die Körner. Dabei ist ein glatter Körper wichtig. So reibt er weniger an den Körnern und wird folglich auch weniger von ihnen abgebremst. Also haben diese flinken Wüstenbewohner eine so glatte und glänzende Haut, dass sie fast wie Porzellanfiguren aussehen. Von ihrer Oberfläche rutscht Sand noch besser ab als zum Beispiel von einem glatten Stück Stahl. Fragt sich nur, wie sie in ihrer Schmirgelpapier-Umgebung überhaupt so blank bleiben können.

Das sind genau die Fragen, die Ingo Rechenberg immer wieder in die marokkanische Wüste ziehen. Der Berliner Forscher hat dort ein paar Sandfische gefangen und mit nach Deutschland ins Labor genommen. Irgendwie musste man doch ihr Geheimnis lüften können! Praktischerweise streifen die Tiere beim Wachsen immer mal wieder ihre zu klein gewordene Haut ab. Und diese leeren Hüllen kann man unter dem Elektronenmikroskop untersuchen, ohne den Tieren eine Schuppe zu krümmen.

Da sieht man dann, dass die Sandfischhaut in Wirklichkeit gar nicht glatt ist, sondern eher wie eine Gebirgslandschaft aussieht: Quer zum Körper der kleinen Echsen ragen sehr viele scharfe Rippen in die Höhe. Diese sind so fein, dass sie die vergleichsweise riesigen Sandkörner nicht bremsen. Sie

befreien den Sand aber wie eine Bürste von den winzig kleinen Teilchen, die jedes Korn überzuckern. Ohne diese Hülle
aber schmirgelt der Sand auch nicht mehr so. Das heißt, nicht
der Sand rubbelt die Tierchen glatt, sondern diese rubbeln die
Sandkörner sauber! Rätsel gelöst!

Etliche Firmen versuchen nun, den Trick der Sandfischhaut
nachzumachen. Oberflächen, die der Schmirgelwirkung des
Sandes widerstehen können, wären für die Industrie nämlich
eine tolle Sache. Schließlich sollen demnächst in großem Stil
Solaranlagen in Wüstenregionen entstehen. Doch wenn die
dabei eingesetzten Parabolspiegel schon beim ersten Sand-
sturm stumpf werden, kann man das natürlich vergessen.
Vielleicht könnte eine durchsichtige Kunststoff-Folie mit
Sandfisch-Rippen solche Schäden verhindern. Die Herstellung
der künstlichen Reptilienhaut hat zwar noch ihre Tücken, oft
werden die Kämme einfach nicht scharf genug. Doch Ingo Rechenberg ist trotzdem optimistisch: Die Erfindung der Sandfische ist einfach zu gut, um ungenutzt zu bleiben.

Wandernde Felsen

Sandtauchen ist aber nicht das einzige ungewöhnliche Talent, mit dem Wüstenbewohner Eindruck schinden. So findet
in der Mojave-Wüste im Westen der USA regelmäßig ein ganz
besonderes Wettrennen statt, das selbst Wissenschaftler bis
heute verblüfft. Dabei ist das Tempo alles andere als rasant.
»Da hätte sogar meine Oma problemlos mithalten können«,
meint der alte Seebär. »Und die war keine gute Sprinterin.«
Allerdings sind im Wüsten-Wettbewerb auch keine durchtrai-
nierten Leichtgewichte am Start, die schwersten Teilnehmer
bringen immerhin 350 Kilo auf die Waage. Da kann man wohl
nicht allzu viel Geschwindigkeit erwarten. Zumal es sich bei
den Läufern um Felsbrocken handelt.

Die sind normalerweise nicht unbedingt für ihre Sportlich-
keit bekannt. Sie rollen vielleicht mal einen Abhang hinunter
oder lassen sich von einem Fluss oder Gletscher ein Stück
mittragen. Ansonsten aber bleiben Steine in der Regel, wo
sie sind. Wenn sie nicht gerade im Death-Valley-Nationalpark
in der Mojave-Wüste liegen. Diese extrem trockene und heiße Region hat nicht nur riesige Sanddünen, in verschiedenen
Farben schimmernde Bergflanken und bizarre Felsgebilde zu
bieten. Im Westen des Schutzgebietes gibt es außerdem einen
ausgetrockneten See, der nicht umsonst den Namen »Renn-
bahn-Ebene« trägt. Denn dort marschieren dicke Steine durch
die Gegend. Ganz langsam, aber unbeirrt. Und jeder zieht eine
deutliche Spur hinter sich her, die mal schnurgerade und mal
in Schlangenlinien seinen Weg nachzeichnet.

Seit Jahrzehnten rätseln Forscher darüber, was die Felsen
in Bewegung bringt. Rutschen sie vielleicht einfach ab? Das
klingt zwar logisch, kann aber nicht sein. Denn viele Steine wandern auf brettebenem Gelände oder sogar ganz leicht
bergauf.

Manche Wissenschaftler glauben, dass der Wind etwas damit zu tun hat. Allerdings müsste der schon extrem heftig
wehen, um einen Brocken von 350 Kilo voranzutreiben. Es sei
denn, er hat heimliche Helfer. Geologen haben da sogar gleich
zwei in Verdacht, nämlich Wasser und Bakterien. Wenn Re-

gen das feine Tonmaterial des Seegrundes durchnässt, wird es schließlich extrem glitschig. Und kaum wird der Boden feucht, erwachen jede Menge Bakterien aus ihrem Trockenschlaf, die den Boden mit einem schlüpfrigen Film überziehen. Auf so einem glitschigen Untergrund könnte ein ordentlicher Sturm oder sogar eine kräftige Böe genügen, um die schweren Steine ein gutes Stück vorwärtszuschieben.

Andere Wissenschaftler glauben dagegen eher, dass die Steine auf Eisschichten vorwärtsgleiten. Immerhin wird es nachts schnell mal unter null Grad kalt und dann überfriert der Schlamm. Aber das alles sind nur Ideen, die bisher niemand so richtig beweisen konnte. Weil die Rennbahn streng geschützt ist, darf dort nämlich kein Wissenschaftler irgendwelche Überwachungstechnik aufbauen. Wenn sie nass ist, darf man sie noch nicht einmal betreten. Denn sonst würde man auf dem Tonboden lauter hässliche Spuren hinterlassen, die nicht wieder verschwinden. Also hat bisher noch niemand einen der sportlichen Felsen auf frischer Tat ertappt und die wandernden Steine hüten ihr Geheimnis.

Silberlinge und Nebelfänger

»Faszinierend, oder?«, fragt der Seebär in die Runde. Die Wüsten mit all ihren Rätseln haben es ihm sichtlich angetan. »Leben wollte ich da allerdings nicht«, meint der alte Mann nachdenklich. »Zu viel Hitze vertrage ich auf Dauer einfach nicht!« Das geht allerdings nicht nur ihm so. Die meisten Tiere, die sich für ein Leben in der Wüste entschieden haben, verlegen ihre Aktivitäten deshalb in die Nacht. Wenn tagsüber die

Sonne erbarmungslos vom Himmel brennt und die Luft vor
Hitze flirrt, verkriechen sie sich lieber. Es gibt allerdings Aus-
nahmen. So eilen die metallisch schimmernden Silberameisen
auch in der glühenden Mittagshitze noch unbeeindruckt über
den 70 Grad heißen Sahara-Sand. Warum sie dabei nicht ent-
kräftet zusammenbrechen, wundert die Wissenschaftler. Vielleicht hilft ihnen ja ihre silbrige Farbe, die das Sonnenlicht
besonders gut reflektiert?

Klar ist jedenfalls, dass manche Wüsteninsekten ganz besondere Oberflächen entwickelt haben, um in ihrem harschen
Lebensraum zurechtzukommen. Den Trick des Stenocara-Kä-
fers kennen Forscher inzwischen. Diese Insekten leben in der
Namib-Wüste in Südwest-Afrika. Dort regnet es zwar so gut
wie nie, doch immerhin zieht morgens oft Nebel vom Meer
heran. Mit anderen Worten: Wasser! Diese Chance können
sich die Tiere nicht entgehen lassen. Sie stellen sich in den
kühlen Luftzug und halten ihre Flügel in den Wind. Die sind
von einem Flickenmuster aus wasserabweisenden und was-
seranziehenden Flecken bedeckt. Und das macht die Käfer zu
Meistern in Sachen Wassergewinnung. An den wasseranzie-
henden Flächen schlägt sich der Nebel nieder. Dort bilden sich
also kleine Tröpfchen, die mit der Zeit immer größer werden. Irgendwann berüh-
ren sie schließlich einen
benachbarten   wasserabweisenden Fleck. Und
schon perlen sie ab und
rollen dem Käfer direkt
ins Maul. Prost!

Harte Nüsse 5

»Na, jetzt kennen wir so viele Wüstengeschichten. Aber wieso gibt es eigentlich Wüsten?« Mit diesen Worten kündigt der Seebär schon wieder eine harte Nuss an, die es zu knacken gilt. Also: Wodurch kann eine Wüste entstehen?

a) Wüsten entstehen, wenn der Regen durch lockeren Untergrund so rasch versickert, dass Bäume und Büsche zu wenig Wasser finden.

b) Wüsten entstehen, wenn die Tropensonne die Luft am Boden so stark aufheizt, dass sie rasch in die Höhe steigt. Gegen diesen starken Aufwind schaffen es die Regentropfen nicht, nach unten zu fallen.

c) Wüsten entstehen in der Nähe von Küsten in warmen Regionen der Erde, wenn das Wasser im Meer außergewöhnlich kalt ist.

Die richtige Lösung steht auf Seite 180.

6

Süßes Wasser: Flüsse und Seen

Vor dcm Häuschen hinter dem Deich reißen langsam die Regenwolken auf, irgendwo taucht zwischen verschiedenen Grautönen sogar ein Fleck blauer Himmel auf. »Das Schietwetter ist vorbei, bald kommt die Sonne raus«, verkündet der Hausherr mit dröhnender Stimme und steht aus seinem Sessel auf. »Kommt, wir gehen raus, werfen den Grill an und machen ein leckeres Barbecue!« Mit diesem Satz rennt er offene Türen ein, denn nach den vielen Wüstengeschichten knurrt manchen Zuhörern der Magen doch recht lautstark. »Und weil die Wüstenluft unsere Gedanken ziemlich ausgetrocknet hat, sollten wir uns jetzt feuchteren Gegenden zuwenden«, meint der Seebär, während er Köstlichkeiten für den Grill ins Freie schleppt. Seine Geschichten berichten jetzt von Floß fahrenden Insekten, elektrischen Fischen und Flüssen, die ihre Richtung ändern.

Luftmatratzen aus Ameisen

Undurchdringliche Wälder, trügerische Sümpfe und nirgends eine Straße – es war einfach eine Zumutung! Wer sich vor ein paar Hundert Jahren als Entdeckungsreisender ins Innere von Afrika oder Südamerika durchschlagen wollte, kam oft nur im Schneckentempo voran. Es gab eigentlich nur eine Mög-

lichkeit, in der Wildnis einigermaßen rasch und bequem zu
reisen: Man nahm ein Boot und vertraute sich einem Fluss an.
Das ist aber keineswegs eine neue Idee, Insekten sind darauf
schon viel früher als Menschen gekommen. Und sie stellen
sich dabei auch geschickter an.

»Wenn ein Haufen Leute ohne Erfahrung ein fahrtüchti-
ges Floß bauen soll, stehen oft erst mal nur Fragezeichen in
den Gesichtern«, grinst der alte Seebär. Man braucht ein paar
Holzstämme, klar. Aber was dann? Wie kriegt man die zusammen – und zwar möglichst so, dass sie nicht nach ein
paar Metern wieder auseinanderfallen und die Passagiere ein
unfreiwilliges Bad nehmen? Da ist oft erst mal ein bisschen
Tüftelei gefragt. Und das kann dauern.

Die südamerikanischen Roten Feuerameisen dagegen müssen nicht lange überlegen. Wenn sie eine Flussreise machen
wollen, sind sie in nicht einmal zwei Minuten abfahrbereit.
Und sie brauchen auch kein Baumaterial. Sie packen nur ihre Eier zusammen, dann beißen und klammern sie sich wie
auf Kommando aneinander fest. Hunderte, Tausende oder sogar Millionen der kleinen rötlichen Krabbeltiere legen sich in
vielen Schichten übereinander und bilden einen so dichten
Teppich, dass kein Wasser zwischen ihre Reihen dringt. Trotzdem besteht nicht die Gefahr, dass die Tiere am Boden des
Floßes ersticken. Denn jede Ameise hüllt sich in eine dünne
Luftschicht, die von winzigen Haaren an ihrem Körper festge-
halten wird. Da bleibt genug Luft zum Atmen. Und gleichzeitig gibt das Luftpolster auch noch Auftrieb. Wie eine lebende
Luftmatratze treibt das Insektenvolk nun gefahrlos auf dem
Wasser.

Das rettet die Krabbeltiere, wenn der Fluss ihren Lebensraum überschwemmt. Doch ab und zu vertrauen sich die Insekten den Fluten auch freiwillig an. Genau wie menschliche
Entdeckungsreisende zieht es auch Feuerameisen nämlich im-

mer wieder zu neuen Ufern. Manchmal treibt so eine vielköp-
fige Reisegesellschaft mit ihrem ungesteuerten Floß wochen-
lang einen südamerikanischen Fluss hinunter und sucht in der
Fremde nach neuen Futterplätzen und einer neuen Heimat.

Als der Amazonas die Wende machte

Das Reisen auf einem Fluss hat einen gewaltigen Vorteil: Man
kann sich kaum verlaufen. So ein Gewässer fließt schließlich
immer von der Quelle Richtung Mündung und ändert nicht
mal eben seine Richtung. Oder vielleicht doch? Der Seebär
nickt: »Sogar der größte Fluss der Welt, der Amazonas, hat
seinen Lauf schon einmal umgedreht und fließt seither in die
entgegengesetzte Richtung«, erklärt er und feuert nebenbei
den Grill an. »Aber dann müsste der Fluss ja bergauf fließen?«,
fragt einer der Zuhörer ungläubig. Immerhin schüttet der
Amazonas heute in jeder Sekunde mit 180 000 Kubikmetern
Wasser den Inhalt von mehr als einer Million Badewannen
in den Atlantik. Schon in der nächsten Sekunde kommt die
nächste Million-Badewannen-Ladung. Und dann noch eine
und noch eine. Jahrein, jahraus. Wie sollte diese unvorstellbare Wassermenge bergauf fließen können? Der Seebär aber
lächelt und ist sich seiner Sache sicher.

»Geologen haben den Schlamm untersucht, den der Amazonas in der Vergangenheit abgelagert hat«, erklärt er. Das Er-

gebnis war eindeutig: Nur in den letzten elf Millionen Jahren stammten diese Sedimente aus den Anden, in denen der Amazonas heute entspringt. Vorher muss der Strom also anders geflossen sein. Als die Forscher das Ganze genauer unter die Lupe nahmen, kamen sie zu einem verblüffenden Ergebnis: Vor 130 oder 140 Millionen Jahren könnte der Ur-Amazonas im Ennedi-Massiv entsprungen sein. Das aber liegt im Nordosten des Tschad mitten in der afrikanischen Sahara.

Damals hingen Afrika und Südamerika allerdings noch zusammen. Über den heutigen Tschad-See und das Tal des Nigerflusses konnte der Ur-Amazonas daher weiter quer durch das heutige Südamerika fließen. Dann mündete er irgendwo in der Nähe des Äquators in den Pazifik. Mit einer Länge von 14000 Kilometern war dieser gigantische Strom vielleicht sogar das größte Fluss-System, das es je auf der Erde gegeben hat.

Gräben und Gebirge

Einige Millionen Jahre später begann zwischen dem heutigen Südamerika und Afrika Magma aus der Tiefe zu quellen und drückte die beiden Kontinente mit einer Geschwindigkeit von wenigen Zentimetern im Jahr auseinander. Der Graben zwischen beiden Erdteilen füllte sich mit Wasser, schließlich entstand der Südatlantik. Damit war der Ur-Amazonas in einen afrikanischen und einen südamerikanischen Teil gespalten. Am Rand des Atlantiks aber entstand ein Gebirge, an dem sich die Wolken abregneten. Diese Niederschläge lieferten dem südamerikanischen Teil des Amazonas genug Wasser, um ihn weiter zum Pazifik strömen zu lassen.

In dieser Zeit aber drückte die unter dem Atlantik aufquellende Magma Südamerika immer weiter nach Westen und der Kontinent stieß bald mit einer riesigen Erdplatte zusammen, auf der die Wasser des Pazifik schwappen. So wie sich bei einem Autounfall das Blech in der Knautschzone verbeult, faltete sich in der Aufprallzone die Erde auf. Dabei entstanden die Anden, die sich mit der Zeit immer höher aufwölbten. Heute ragt der höchste Gipfel dieses Gebirges fast 7000 Meter über den Meeresspiegel auf.

Gebirge mit Überraschungen

Anfangs aber gab es dort nur ein Hügelland, durch das sich der Amazonas seinen Weg Richtung Pazifik fraß. »Vor 25 Millionen Jahren beschleunigte sich der Prozess aber«, schildert Onno Oncken vom Deutschen GeoForschungsZentrum in Potsdam die weitere Entwicklung. Irgendwann kam schließlich der Moment, in dem sich die Anden schneller auffalteten, als sich der Ur-Amazonas durchfressen konnte. Damit aber war dem Strom der Weg versperrt.

Eine Zeit lang wurde der Fluss vielleicht nach Norden umgeleitet und mündete in die heutige Karibik. Aber auch dort türmten sich bald die Anden auf und der Amazonas verlor seinen letzten Ausweg. Daraufhin entstand im Herzen Südamerikas ein riesiges Seengebiet, das mit 1,1 Millionen Quadratkilometern so groß war wie Spanien und Frankreich zu-

sammen. In dieses Seengebiet mündeten auch die Reste des
Ur-Amazonas.

An den Küsten des Atlantiks aber senkte sich gleichzeitig
das Land, während der Spiegel der Seenplatte immer weiter
stieg, weil das Wasser ja nicht abfließen konnte. Irgendwann
fand das Wasser dann einen neuen Ausfluss und strömte danach im alten Bett des Ur-Amazonas zum Atlantik – der Fluss
hatte seine Richtung umgekehrt. Mit der Zeit füllten die Flüsse
aus den Anden schließlich die Seenplatte in Südamerika mit
Schlamm und Geröll auf, bis die letzten Seen vor 2,4 Millionen Jahren verschwanden.

Elektrische Bilder

»Noch heute aber trägt der Amazonas viel Schlamm Richtung
Atlantik«, berichtet der Seebär und wendet die Steaks. Der
Fluss ist daher so trübe, dass die Unterwasserjäger der Tierwelt
kaum die Flosse vor den Augen sehen. Geschweige denn ein
Beutetier. Einfach blindlings durch die Gegend zu schwimmen
und auf einen Glückstreffer zu hoffen, ist aber auch nicht sonderlich Erfolg versprechend. Also haben sich die Messeraale etwas einfallen lassen. Die südamerikanischen Raubfische
sind schwimmende Kraftwerke, die sich mithilfe von selbst
gemachter Elektrizität orientieren. Den gleichen Trick haben
auch die Nilhechte auf Lager, die in den bräunlichen Fluten
afrikanischer Flüsse schwimmen.

Alle diese Fische besitzen Elektroorgane, die aus speziell angepassten Muskel- oder Nervenzellen bestehen. Damit können sie schwache elektrische Spannungen erzeugen – oder auch starke. Der wohl berühmteste aller Messeraale ist der Zitteraal, ein bis zu zweieinhalb Meter langer Bewohner des Amazonas, des Orinoko und anderer südamerikanischer Flüsse. Wenn er will, kann dieser Fisch Spannungen erzeugen, die für Menschen tödlich sind. 600 Volt bringt er problemlos zustande, das ist fast dreimal so viel, wie eine Steckdose hat. Dieses Talent nutzt er, um andere Fische zu erlegen. Will er sich orientieren, setzt auch der Zitteraal wie seine Kollegen nur auf schwache elektrische Felder.

Im Trüben fischen

Mit speziellen Sinneszellen spüren Elektrofische, ob sich diese Felder rings um ihren Körper verändern. Daran können sie dann erkennen, ob ein Stein oder ein Baumstamm im Weg liegt oder ob ein anderes Tier in ihrer Nähe aufgetaucht ist. Das funktioniert erstaunlich gut. Bis in eine Entfernung von vielleicht einer Körperlänge können die schwimmenden Jäger Beute und alle möglichen Hindernisse erkennen, ohne auch nur das Geringste sehen zu müssen. Ihr Elektrosinn verrät ihnen so nicht nur, wie groß ein Gegenstand ist und wo er sich befindet. Sie wissen gleichzeitig auch ziemlich genau, was sie vor sich haben.

Je nachdem, ob ein Material Strom gut leitet oder nicht, sehen die elektrischen Bilder nämlich anders aus. In Versuchen konnten die Fische zum Beispiel problemlos Metall von Plastik unterscheiden. Das bringt sie in ihrem Alltag im Nil oder Amazonas vielleicht nicht viel weiter. Aber auch dort sollte ein Fisch schon wissen, ob er einen Feind oder ein Beutetier, ein Hindernis oder irgendetwas Unwichtiges vor der Nase hat. Verwechslungen können da schließlich lebensgefährlich wer-

den. Vor allem, wenn man kaum etwas sieht. Doch zum Glück
lässt ihr Elektrosinn die Fische selten im Stich. Manche Nilhechte entdecken damit sogar winzige Beutetiere von gerade
einmal zwei Millimetern Größe.

Riechen unter Wasser

»Also ich persönlich suche meine Beute ja lieber mit der Nase«,
grinst der alte Seebär und schnüffelt in Richtung Grill. Gut,
dass er sich seine Mahlzeiten nicht unter Wasser zusammen-
suchen muss. Denn da würde ihm sein durchaus stattliches
Riechorgan ja kaum etwas nützen. Wer beim Schwimmen
einmal Wasser in die Nase bekommen hat, weiß: Zumindest
die Landratten unter den Säugetieren sollten nicht versuchen,
unter Wasser zu schnuppern. Sonst wird es sehr unangenehm.
Und riechen tut man ohnehin nichts.

Das ist ja auch klar. Schließlich gibt es unter Wasser keine
Luft, die winzige, duftende Teilchen aufnehmen und zu den
Riechschleimhäuten in der Nase transportieren könnte. Also
kann es mit dem Riechen unter Wasser nicht klappen. Dachte
man zumindest. Bis der amerikanische Wissenschaftler Kenneth Catania von der Vanderbilt-Universität in Nashville ein
paar Sternnasen-Maulwürfe vor eine echte Herausforderung
stellte.

Maulwürfe im Wasser

Diese nordamerikanischen Sumpfbewohner suchen ihre Beute
oft im Wasser. Dabei verlassen sie sich gern auf ihren extrem guten Tastsinn. Um die Nase tragen sie einen Kranz aus
nackten, fleischigen Tentakeln, der wie ein rosafarbener Stern
aussieht und mit dem sie ihre Umgebung genau untersuchen
können. Nur nützte ihnen das in diesem Versuch nichts. Denn
Kenneth Catania hatte ihnen zwar einen leckeren Wurm ange-

boten, den konnten sie aber nur finden, wenn sie einer duften-
den Spur folgten, die der Forscher gelegt hatte. Diese Fährte
lag jedoch unter einem Drahtgitter außerhalb der Reichweite
der Tentakel, die daher nutzlos waren. Davon ließen sich die
Maulwürfe allerdings nicht aus dem Konzept bringen. Immer
der Nase nach tappten sie in den meisten Fällen zielstrebig auf
ihre Belohnung zu. Ähnlich erfolgreich waren auch Amerikanische Wasserspitzmäuse, die Kenneth Catania vor die gleiche
Aufgabe gestellt hatte.

Aber wie machen die Tiere das? Mit einer Videokamera
kam der Forscher den erfolgreichen Unterwasserschnüfflern
schließlich auf die Schliche. Wenn sie irgendwo einen unbe-
kannten Gegenstand oder eine duftende Spur entdeckt haben,
schnaufen sie einfach ins Wasser. So schicken sie Luftblasen aus ihren Nasenlöchern in die jeweilige Richtung. Diese
brauchen sie dann nur noch mitsamt dem gesuchten Geruch
rasch wieder einzuatmen. Schon funktioniert das Riechen unter Wasser und die nächste Mahlzeit ist gesichert.

Guten Appetit!

Auch mit der besten Nase ist Essen besorgen manchmal eine anstrengende Sache. Wer will schon stundenlang durch die Gegend laufen und suchen, bis er eine Mahlzeit beisammen hat? »Da könnte ich mir auch was Besseres vorstellen«, brummt der alte Seebär, der kein großer Fan von Einkaufstouren ist. Dummerweise hat er allerdings noch niemanden gefunden, der bereit ist, ihm diese Aufgabe abzunehmen und ihn mit durchzufüttern. »Die Männchen der Zeuswanzen haben da mehr Glück«, meint er schmunzelnd.

Diese Insekten sind mit den Wasserläufern verwandt, die man bei uns manchmal auf der Oberfläche von Seen und Flüssen herumspazieren sieht. Allerdings haben sie sich für ein wärmeres Klima entschieden und leben in den tropischen Flüssen Australiens. Richtig interessant wird es, wenn sich ein Wasserläufer-Paar gefunden hat. Dann klettert das Männchen nämlich auf den Rücken seiner viel größeren Partnerin und fängt ein echtes Luxusleben an. Oft lässt es sich tagelang durch die Gegend schleppen, ohne selbst auch nur ein Bein zu rühren. Und wenn der Magen knurrt, bekommt es auch noch leckere Häppchen serviert.

Fresskorb für Wanzen

Weibliche Zeuswanzen haben nämlich zwei spezielle Drüsen am Körper, in denen sie für ihre arbeitsscheuen Verehrer einen nahrhaften Cocktail zusammenmixen. Davon fressen die Männchen erkleckliche Mengen: Ein paar Prozent ihres eigenen Körpergewichts kommen da jeden Tag zusammen. Wenn das Futter knapp wird, kann dieses nahrhafte Hochzeitsgeschenk den Wasserläufer-Herren sogar das Leben retten. Im Labor haben Biologen hungernde Männchen allein oder gemeinsam mit Weibchen gehalten. Zeuswanzen mit einer Partnerin lebten unter diesen Bedingungen viel länger als Singles.

Fragt sich nur, warum sich die Weibchen auf so eine anstrengende Art von Beziehung einlassen. Zwar sind essbare Hochzeitsgeschenke durchaus auch bei anderen Tieren üblich. Nur müssen normalerweise die Männchen ein passendes Präsent überreichen. Sonst können sie ihre Brautwerbung gleich zu den Akten legen. Warum die Zeuswanzen die Rollen getauscht haben, weiß noch niemand so genau. Es könnte sich aber um einen Fall von Bestechung handeln. Ohne den nahrhaften Cocktail der Damen würden die Männchen vielleicht auf die Idee kommen, den Weibchen Futter wegzunehmen - oder sie sogar ganz zu verspeisen. Immerhin sind Zeuswanzen nach dem griechischen Göttervater benannt, der seine erste Frau verschlungen haben soll. Das will man ja nun auch nicht riskieren. Da investiert man vielleicht doch lieber in ein Geschenk.

Alles Essig!

»Essbare Geschenke haben natürlich auch einen Nachteil«, sagt der alte Seebär kauend. Inzwischen hat er die erste Runde gegrillter Spezialitäten an die Zuhörer verteilt und auch sich selbst nicht vergessen. Er hat allerdings schon mehrfach die

Erfahrung gemacht, dass nicht jeder seiner Bekannten ein begabter Koch ist. Gut gemeinte Essenseinladungen sind da nicht immer der reine Genuss. »Über so einen Salat zum Beispiel«, er fuchtelt energisch mit einer Gabel voll Tomatenscheiben aus der Grillbeilage durch die Luft, »darf man nicht zu viel Essig kippen.« Zu viel Säure verdirbt ja den ganzen Genuss. Dieser Meinung ist allerdings längst nicht jeder. Manche Lebewesen fühlen sich in einer Art Essigbrühe erst so richtig wohl.

Die gibt es zum Beispiel im Rio Agrio, dem sauren Fluss. Einen passenderen Namen hätten sich die Argentinier für das Gewässer zu Füßen der Anden kaum ausdenken können. Denn der Fluss entspringt direkt am Krater des Vulkans Copahue. Dieser einzige noch aktive Vulkan des Landes setzt Schwefel, Kohlendioxid und andere Substanzen frei, die im Wasser des Kratersees Säure bilden. Und zwar reichlich. Im Rio Agrio, in dem die ätzende Brühe talwärts sprudelt, messen Wissenschaftler manchmal den pH-Wert null. Den kriegen Chemiker normalerweise nur hin, wenn sie im Labor mit starken Säuren wie Salzsäure hantieren. Auf seiner Reise fließen zwar etliche Nebenflüsse in den Rio Agrio und verdünnen die aggressive Flüssigkeit. Doch selbst der See Lago Caviahue, in den er schließlich mündet, ist mit pH-Werten von weniger als drei noch saurer als Essig.

Leben in der Säure

Das klingt nicht, als könnte in diesem Wasser überhaupt irgendetwas leben. Fische zum Beispiel brauchen pH-Werte von mindestens vier. Denn alles darunter ist so sauer, dass sich ihr

Skelett auflöst. Auch für Schnecken, Muscheln und Krebse ist zu viel Säure tödlich, weil sie unter diesen Bedingungen keine Kalkschalen aufbauen können. Trotzdem gibt es Leben im Lago Caviahue. Bakterien, Algen und winzige Tierchen schweben durch sein Wasser, ohne sich an der Säure zu stören. Sie hatten schließlich Jahrtausende Zeit, sich an die Herausforderungen ihres ätzenden Lebensraums anzupassen.

Ihre Kollegen in der Lausitz mussten das gleiche Kunststück dagegen im Rekordtempo zustande bringen. In dieser Region Ostdeutschlands bauen Bagger noch heute Braunkohle ab. Dabei buddeln sie nicht nur Löcher in die Landschaft, sondern holen auch schwefelhaltige Mineralien an die Oberfläche. Inzwischen sind viele dieser Tagebaue zwar stillgelegt. Doch die hohen Haufen mit schwefelhaltigen Abfällen sind noch da und verwittern langsam zu Schwefelsäure. Die sickert dann mit dem Regen und dem Grundwasser in die ehemaligen Kohlegruben und bald entsteht dort ein saurer See.

Diese Gewässer haben einen ähnlichen pH-Wert wie der Lago Caviahue, sind aber meist nicht älter als fünfzig oder hundert Jahre. Und trotzdem sind die Algen und Rädertierchen, Wimperntierchen und anderen Überlebenskünstler schon da. Manche dieser Organismen wurden aus anderen Gewässern mit starken Winden dorthin geweht, andere reisten als blinde Passagiere im Gefieder von Wasservögeln ein. Das Leben dort ist für die Neuankömmlinge aber keineswegs einfach. Algen zum Beispiel gewinnen normalerweise ihre Energie in ihren eigenen kleinen Solarkraftwerken: Unterstützt vom Sonnenlicht wandeln sie Kohlendioxid und Wasser in nahrhaften Traubenzucker und Sauerstoff um. Für dieses Kunststück, das Biologen »Fotosynthese« nennen, brauchen sie aber genug Kohlendioxid. Und das ist in den sauren

Seen Mangelware. Deshalb haben die grünen Säurebewohner ein Problem mit der Energieversorgung. Was tun? Ganz einfach: Es müssen zusätzliche Mahlzeiten auf den Tisch. Und so sind aus Algen Räuber und Müllmänner geworden, die Bakterien oder im Wasser treibende Abfallteilchen fressen.

Harte Nüsse 6

Die Natur hat im Laufe der Jahrmillionen viele interessante Erfindungen gemacht, die auch für Menschen nützlich sind. An den Flüssen der östlich von Afrika liegenden Insel Madagaskar haben Forscher zum Beispiel ein sehr interessantes Material entdeckt. Aber welches?

a) Spinnen bauen dort gigantische Netze quer über die Flüsse. Deren Fäden sind so stabil, dass man daraus vielleicht kugelsichere Westen oder andere extrem strapazierfähige Gewebe machen könnte.

b) An den Ufern dieser Flüsse gibt es Sandstrände, die aus einem speziellen Quarzsand bestehen. Quarzsand baut man in vielen Regionen der Welt ab, um daraus Glas herzustellen. Das Material aus Madagaskar hat eine solche Zusammensetzung, dass die Flaschen und Scheiben einen sehr schönen Blauton bekommen.

c) In den Sumpfgebieten entlang der Flüsse leben kleine Frösche, die in ihrer Haut ein Gift produzieren. Eigentlich ist diese Substanz dazu gedacht, die Feinde der quakenden Sumpfbewohner abzuwehren. Richtig dosiert, tötet es Krankheitserreger im menschlichen Darm ab und liefert so ein gutes Medikament gegen Durchfall.

Die richtige Lösung steht auf Seite 180.

7

Im ewigen Eis: Die Polargebiete

Langsam glühen die Grillkohlen aus, die letzten Steaks, Brat-
würste und Koteletts sind vertilgt und der Seebär und seine
Zuhörer sind gut gesättigt. Auch der Schäferhund, der einige Reste und Knochen abgestaubt hat, leckt sich zufrieden
die Schnauze. Genau die richtige Zeit also, um in Gedanken
weiterzureisen. »Beim Grillen muss ich jedes Mal an meine
Eisbrecher-Fahrten in die Antarktis denken«, fängt der alte
Mann auch schon an. Sein Publikum kann diesem Gedanken-
sprung erst nicht so recht folgen, aber da erklärt der Seebär
schon weiter: »Ganz einfach: Es gibt nichts Schöneres, als an
Deck zu grillen, während das Schiff haushohe Eiswände passiert«, berichtet der Weltreisende von seinen Erlebnissen im
tiefen Süden. »Zum Essen sollte man dann aber besser seinen
warmen Parka anziehen«. So ein Ausflug ans Ende der Welt
lohnt sich natürlich nicht nur für Grillfans. In der Kälte werden auch unzählige faszinierende Geschichten geboren. Von
Gaunern im Frack und schrägen Seen zum Beispiel. Oder von
Fischen mit Frostschutz und eiskalten Gefängniszellen. Der
Nachmittag vor dem Häuschen des Seebären verspricht also interessant zu werden. Wenn dann auch noch die Sonne
durch die Wolken kommt, ist der bärtige Mann in seiner Cordhose ohnehin zum Plaudern aufgelegt.

Diebe und Händlerinnen

»Pinguine sind ja irgendwie sympathische Typen«, beginnt er seine erste Story aus dem Reich des Ewigen Eises. Schon allein mit ihrem tollpatschigen Watschelgang erobern sie die Herzen von Zoobesuchern und Fernsehzuschauern im Sturm. Und dann sind sie auch noch liebevolle Familienvögel. Oft bleiben sie jahrelang mit dem gleichen Partner zusammen und nehmen die härtesten Strapazen auf sich, um in beißender Kälte und tobenden Stürmen ihren Nachwuchs durchzubringen. Die Heiligen der Vogelwelt sind die Frackträger aber trotzdem nicht. Man muss nur mal einen Blick hinter die Kulissen werfen, schon trifft man auf Diebe und ziemlich berechnende Händlerinnen.

Ein Tatort der Pinguin-Kriminalität ist zum Beispiel die Insel Cuverville Island, auf der die größte bekannte Eselspinguin-Kolonie der Antarktis liegt. Rund 4 800 Paare haben hier aus kleinen Steinen ihre Nester gebaut. Dummerweise ist das Baumaterial aber knapp – und kilometerweit laufen, um dort einen passenden Stein aufzulesen und ihn dann im Schnabel zurückzuschleppen, ist viel zu aufwendig. Da gibt es doch eine einfachere Lösung: Hat der Nachbar nicht reichlich Kiesel angehäuft? Braucht der die alle? Na also! Einen guten Teil ihrer Zeit verbringen die Vögel damit, sich gegenseitig die Steine vom Nest zu klauen.

Scheinheilige Gauner

Manche sind dabei richtig dreist und versuchen erst gar nicht, ihre Diebstähle zu verheimlichen. Allerdings riskieren sie dann, dass der Steinbesitzer die Aktion gar nicht lustig findet und sein Eigentum mit Schnabelhieben, Flügelschlägen oder einem kräftigen Ziehen an den Schwanzfedern verteidigt. Das kann durchaus unangenehm und schmerzhaft werden. Das

perfekte Pinguin-Verbrechen braucht also etwas mehr Tar-
nung. Und so sieht man immer wieder Vögel, die scheinbar
unbeteiligt neben einem fremden Nest sitzen. Ganz zufällig
natürlich. Die Harmlosigkeit in Vogelgestalt. Bis der Hausherr
mal einen Moment nicht aufpasst und woandershin schaut.
Schon schnappt der Dieb blitzschnell seine steinerne Beute
und ergreift die Flucht.

Das ist allerdings immer noch ziemlich anstrengend. Die
Weibchen der Adélie-Pinguine haben deshalb noch eine andere Methode gefunden, um ihr antarktisches Heim mit weniger Aufwand aufzupeppen. Sie paaren sich einfach mit al-
leinstehenden Nestbesitzern. Und wenn die ihnen dann voller
Begeisterung ein Steinchen überreichen, sehen sie das offenbar als angemessene Bezahlung und machen sich damit aus
dem Staub.

All diese Aktionen sorgen dafür, dass in Pinguinkolonien
immer wieder Streit aufflammt und sich die Bewohner in die
Federn kriegen. Irgendwie muss man ja mit den ganzen miss-
günstigen Nachbarn fertig werden, die einem nicht mal die

Steine auf dem Nest gönnen. Dabei haben die Frackträger wie alle Bewohner der Polargebiete ja eigentlich schon genug damit zu tun, die Kälte zu überleben.

Frostschutz gegen den Tod

Für Fischstäbchen und Lachsfilet ist ein Aufenthalt in der Tiefkühltruhe ja durchaus praktisch. Da werden sie nicht so schnell schlecht. Ein lebender Fisch aber sieht die Sache ganz anders. Zu viel Kälte ist nicht gut für seine Gesundheit. Wenn ihm erst das Blut in den Adern gefriert, war es das mit dem munteren Herumschwimmen. Und trotzdem gibt es Fische, die sich für ein Leben in der Arktis und der Antarktis entschieden haben. Obwohl das Meer dort meist zwischen null und minus zwei Grad kalt ist. Warum enden sie also nicht als steifgefrorene Tiefkühlkost?

Sie haben einfach verschiedene Methoden gefunden, das gefährliche Eis auszutricksen. Die Krokodil-Eisfische im Südpolarmeer zum Beispiel setzen auf vornehme Blässe. Ob Menschen oder Hunde, Amseln oder Riesenschlangen, Laub-

frösche oder Heringe: Alle Tiere mit einer Wirbelsäule haben normalerweise zumindest ein paar rote Blutkörperchen in ihren Adern. Nur die Krokodil-Eisfische verzichten komplett darauf. Das ist ziemlich praktisch. Denn ihr farbloses Blut ist dünnflüssiger und gefriert deshalb nicht so leicht.

Kleine rote Lastwagen

Die Sache hat allerdings einen Haken. Denn ihre roten Blutkörperchen haben Wirbeltiere ja nicht entwickelt, weil ihr Blut sonst so eine langweilige Farbe hätte. Diese speziellen Zellen mit dem roten Farbstoff darin haben vielmehr eine ganz wichtige Aufgabe: Wie kleine rote Lastwagen transportieren sie den lebenswichtigen Sauerstoff durch die Adern. So kommt er zum Gehirn, zu den Muskeln und überallhin, wo er gebraucht wird. Ohne Sauerstoff funktioniert im Körper nichts.

Ohne die kleinen LKWs kann Blut den Sauerstoff zwar auch verteilen, allerdings funktioniert das längst nicht so gut. Also mussten sich die Krokodil-Eisfische etwas einfallen lassen, um ihren Körper trotzdem versorgen zu können. Und das haben sie auch geschafft. Sie besitzen viel Blut, ein großes Herz und weite Adern. Allerdings ist ihr Blutdruck so hoch, dass er jeden Menschen in die nächste Arztpraxis treiben würde. Doch all diese Tricks helfen den Meeresbewohnern, die Nachteile ihres farblosen Blutes wieder wettzumachen.

Das ist allerdings ein ziemlicher Aufwand. Deshalb setzen andere Polarfische lieber auf körpereigene Frostschutzmittel, um ihr Blut flüssig zu halten. Winzige Fabriken in ihren Zellen stellen spezielle Eiweiße her, die Eiskristalle am Wachsen hindern. Die Winterflunder zum Beispiel schwimmt mit diesem Trick auch in der kalten Jahreszeit topfit durch die Fluten des nördlichen Eismeers.

1:0 gegen die Kälte

»An Land ist es in den Polargebieten allerdings noch viel kälter als im Wasser«, weiß der Seebär von etlichen Landausflügen, an deren Ende er seine Füße in den warmen Stiefeln kaum noch spürte. Im hohen Norden sind im Winter Temperaturen unter minus 30 Grad Celsius an der Tagesordnung,

in der Antarktis kann das Thermometer leicht unter minus 60 Grad fallen. Da muss man sich zum Enteisen schon etwas ganz besonders Wirksames einfallen lassen. Kein Problem für den Alaska-Käfer. Der mixt sich in seiner körpereigenen Fabrik ein Frostschutzmittel aus Zucker und Fettsäure zusammen, das die Eiskristalle in seinen Zellen klein hält und ihn vor Kälteschäden schützt. Problemlos kann er damit auch Temperaturen unter minus 60 Grad überleben.

Doch nicht jeder Polarfan verlässt sich auf Frostschutzmittel. In den Moospolstern der Arktis leben winzige Tierchen, die mit den Insekten verwandt sind und »Springschwänze« heißen. Die bringen sich vor der Kälte mit einem anderen Trick in Sicherheit: Sie lassen sich gefriertrocknen. Danach enthalten sie fast keine Flüssigkeiten mehr, die zu Eiskristallen gefrieren können und dann ihr Gewebe zerstören würden. Dieses Verfahren kennen auch Lebensmittelfabrikanten: Sie trocknen Früchte, Kräuter oder Shrimps in tiefgefrorenem Zustand, um sie länger haltbar zu machen. Auf diese Weise kann man zum Beispiel Kaffeebohnen in lösliches Kaffeepulver verwandeln oder den Früchten fürs Musli das Wasser entziehen, ohne dass sie ihre Farbe und ihren Geschmack verlieren.

Die Springschwänze der Arktis brauchen allerdings kei-
nerlei Kühl- und Trockentechnik, um etwas ganz Ähnliches
zu erreichen. Sie suchen sich im Herbst einfach einen Unter-
schlupf und fangen an zu schrumpeln. Sie verlieren immer
mehr Wasser, bis von ihnen nur noch eine völlig vertrocknete
Hülle übrig ist. Die sieht nicht so aus, als könnte noch ein
Funken Leben darin stecken. Aber von wegen! Wenn es Früh-
ling wird, nimmt sie wieder Wasser auf und schwillt zu ihrer
normalen Größe an. Einmal kurz geputzt, und schon krabbelt
der Überlebenskünstler in alter Form davon, als sei das nach
ein paar gefriergetrockneten Monaten gar nichts Besonderes.
»Das soll so eine Müsli-Frucht erst mal nachmachen!«, seufzt
der alte Seebär und starrt dabei missmutig auf das Dessert aus
Trockenobst, das er seinen Gästen nach dem Grillfest aufge-
tischt hat. Keine Chance: Aus diesen Bröckchen werden nie
wieder frische Aprikosen.

2:0 gegen das Alter

Extreme Kälte ist also eine Herausforderung, mit der nur echte
Überlebenskünstler fertig werden. Aber sie hat auch ihre guten
Seiten. Wer damit klarkommt, hat nämlich beste Chancen auf

ein langes Leben. Seeigel und
Muscheln, Asseln und andere
Wasserbewohner werden in
den eisigen Polarmeeren viel
älter als ihre Verwanden in anderen Teilen der Welt. Warum
das so ist, weiß noch niemand
so ganz genau. Ein Teil des Ge-
heimnisses scheinen jedenfalls
die frostigen Temperaturen zu
sein.

Im eisigen Wasser kühlt nämlich auch der Körper vieler
Tiere stark aus. Dann laufen Verdauung, Atmung und der
Rest des Stoffwechsels nur auf Sparflamme – und produzieren
entsprechend wenig giftige Abfallstoffe, die entsorgt werden
müssten. Außerdem bleiben Temperatur und Salzgehalt in
den Polarmeeren meist ziemlich gleich, sodass sich die Zellen
nicht immer wieder auf neue Bedingungen einstellen müssen.
Mit anderen Worten: Man kann dort ein ziemlich stressfreies
Leben führen. Das aber ist die beste Voraussetzung, um richtig
alt zu werden. Tatsächlich haben Forscher im eisigen Wasser
Tiere gefunden, gegen die der alte Seebär wie ein junger, un-
erfahrener Grünschnabel wirkt.

Vor der Nordküste von Island tauchte zum Beispiel eine
mehr als 400 Jahre alte, aber quicklebendige Island-Muschel
auf. Im Südpolarmeer wachsen Schwämme, die sogar schon
ihren 500. Geburtstag hinter sich haben. Der Rekordhalter in
ihren Reihen ist eine Art von Glasschwämmen, die ebenfalls
in der Antarktis lebt. Wie weiße oder hellgelbe Blumenvasen
stehen diese bis zu zwei Meter hohen Methusalems wenige
Hundert Meter unter dem Wasserspiegel auf dem Meeresgrund. Und das schon sehr, sehr lange. Wissenschaftler vom
Alfred-Wegener-Institut in Bremerhaven haben ausgerechnet,

dass einer dieser Schwämme mehr als 10 000 Jahre auf dem Buckel haben muss. Bisher hat niemand auf der Erde ein Tier gefunden, das schon länger lebt. Dieser Schwamm war schon da, als die letzte Eiszeit zu Ende ging und die Mammuts allmählich verschwanden.

Mammuts im Kühlschrank

Mammuts waren große, wollige Eiszeit-Elefanten, die inzwischen längst ausgestorben sind. Allerdings tauchen auch heute noch immer wieder welche auf. Zwar nicht in lebendigem Zustand, aber doch ziemlich gut erhalten. Die Hirten im Nordosten Sibiriens füttern sogar manchmal ihre Hunde mit Mammutfleisch aus der letzten Eiszeit. Denn der Boden in dieser Region ist wie eine riesige Kühltruhe. Nur zwischen Juni und September tauen die obersten 50 Zentimeter auf, darunter bleibt er bis in mehrere Hundert Meter Tiefe immer vereist. Was da unten eingefroren ist, kann Jahrtausende überdau-

ern. Und so sind viele Eiszeittiere dort mit Haut und Haaren erhalten geblieben. Manchmal werden sie dann von einem Fluss freigespült und von irgendeinem Glückspilz gefunden.

Genau das passierte im Mai 2007, als der Fluss Juribei im Nordwesten Sibiriens ein winziges Wollhaar-Mammut ans Tageslicht holte und dem Jäger Juri Chudi vor die Füße spülte. Nach seiner Frau taufte der Entdecker das Tier auf den Namen Ljuba. Es war das am besten erhaltene Mammutbaby, das Wissenschaftler je gesehen hatten: Ein perfekter, kleiner Elefant mit Rüssel und Ohren, Haut und Muskeln, 130 Zentimeter lang, 85 Zentimeter hoch und 50 Kilogramm schwer. Sogar die Augenwimpern und Reste des Fells waren noch da. Im Darm fand sich Kot und im Magen die Muttermilch, die Ljuba vor ihrem Tod getrunken hatte.

40 000 Jahre im Eis

Das Tier war durchaus gut genährt und ist doch nur einen Monat alt geworden. Ums Leben gekommen ist Ljuba wohl bei einem tragischen Unfall. Wahrscheinlich wollte ihre Herde den Fluss überqueren und sie ist irgendwie stecken geblieben. Der Schlamm drang in Maul und Rüssel und erstickte das Tier. Dann begrub er es unter sich und schützte es so vor dem Zerfall. Erst 40 000 Jahre später tauchte sein Körper dann wieder auf.

Das perfekt erhaltene Mammutbaby begeisterte viele Menschen, Zeitungen aus aller Welt berichteten darüber. Und manche Leute fragten sich, ob man mit seiner Hilfe nicht seine Artgenossen wieder lebendig machen könnte. Schließlich enthält der Körper von gut erhaltenen Tieren auch Reste von deren Erbgut. Und darin steckt ja die Bauanleitung für die Art. Nach Zehntausenden von Jahren sind davon allerdings nur noch kleine Schnipsel übrig. Mit viel Mühe können Experten die zwar durchaus wieder zusammensetzen. Doch um das Mammut wieder zum Leben zu erwecken, bräuchte man nicht nur das gesamte Erbgut, sondern auch unbeschädigte Zellen. Und die zu finden, gilt als extrem unwahrscheinlich. Die Eiszeit-Elefanten werden also wohl nicht zurückkommen.

Ein kaltes Gefängnis

Wer im Eis eingefroren ist, lebt nicht mehr. Das klingt nicht nur im Fall von Mammuts ziemlich logisch. Stimmt aber gar nicht. Algen und Tiere kommen nämlich nicht nur auf oder unter dem Eis problemlos zurecht. Sondern auch mittendrin. Dabei haben selbst Meeresforscher lange an einem Leben im Eisgefängnis gezweifelt. Bis Mitarbeiter des Alfred-Wegener-Instituts in Bremerhaven in den 1980er-Jahren mal einen genaueren Blick auf die Eisschollen des Südpolarmeeres warfen.

An der Unterseite sind diese gefrorenen Platten manchmal nämlich nicht weiß, sondern kaffeebraun. Eine komische Farbe, für die es nur eine Erklärung geben konnte: Irgendwie mussten Algen in das Eis gekommen sein. Als die Forscher kleine Stücke von solchen dunklen Schollen auftauten, fanden sie ihren Verdacht bestätigt. Es wimmelte darin von quicklebendigen Bewohnern: Kieselalgen und andere pflanzliche Einzeller, jede Menge Bakterien, winzige Krebse, Würmer und Larven – für Wohngemeinschaften im Eis gibt es offenbar ziemlich viele Interessenten.

Dabei ist das Innere einer Eisscholle kein besonders angenehmer Platz zum Leben. In dem Labyrinth aus winzigen Höhlen und Gängen, das so eine Platte durchzieht, ist es kalt, salzig und ziemlich dunkel. Das klingt nicht, als würde man da gern freiwillig einziehen. Und die meisten Eisbewohner haben das auch nicht getan. Sie waren einfach nicht schnell genug. Das gefrierende Meerwasser hat um sie herum ein Gefängnis aus Eis errichtet, aus dem sie nicht rechtzeitig entkommen

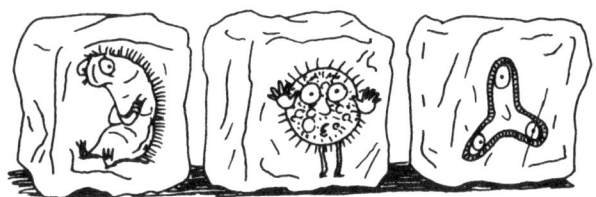

konnten. Dumm gelaufen, aber was soll's: Lebensgefährlich ist
der Arrest normalerweise nicht. Denn viele der kleinen Meeresbewohner haben sich an die Herausforderungen der eisigen
Zellen angepasst. Irgendwann werden die Schollen schon wieder auftauen und ihre Gefangenen freilassen. Bis dahin heißt
es eben warten und überleben. Und zumindest einen Vorteil
hat das kalte Gefängnis ja. Vor den vielen gefräßigen Mäulern
im offenen Wasser ist man dort ziemlich sicher.

Schräger See unter dem ewigen Eis

Die Bewohner des Wostok-Sees dagegen werden sich wohl
kaum so schnell aus ihrem frostigen Gefängnis befreien können. Schließlich liegt dieses Gewässer mehr als 3700 Meter tief
unter dem Eis der Antarktis. Und das auch noch genau an der
kältesten Stelle der ganzen Erde. Oben auf dem Eis fielen die
Thermometer der Wostok-Forschungsstation am 21. Juli 1983
auf minus 89,2 Grad Celsius. »Für so eine unvorstellbare Kälte
hat bisher keine Sprache auf der Erde Worte gefunden«, meint
der Seebär. Selbst an einem milden Hochsommertag wird es
im Tiefkühlschrank der Welt nicht wärmer als minus zwanzig
Grad. Solche Temperaturen herrschen in Mitteleuropa nur in
ganz eisigen Winternächten.

Wie aber soll bei dieser Kälte ein See aus flüssigem Wasser entstehen? Das funktioniert eigentlich ganz einfach: Von
oben kühlt zwar die eisige Luft, aber von unten heizt die Wärme aus dem Erdinneren. Mit der Tiefe wird das Eis also immer

wärmer. Direkt über dem Wostok-See hat es daher »nur« noch
minus drei Grad Celsius. Dort aber drückt der 3 700 Meter dicke gefrorene Panzer so gewaltig auf das Eis unter ihm, dass
es nicht erst bei Temperaturen über null Grad, sondern schon
bei minus drei Grad schmilzt. Das flüssige Wasser sammelt
sich wie überall auf der Welt an den tiefsten Stellen und mit
der Zeit entsteht unter dem ewigen Eis ein Höhlensee.

Radar-Echos

»Von oben ist dieser See in seinem gefrorenen Versteck überhaupt nicht zu sehen«, erklärt der Seebär. Und so haben russische und britische Forscher das Gewässer der Unterwelt auch
erst entdeckt, als sie 1996 mit Radarstrahlen das Eis der Antarktis durchleuchteten. Als sie dann eine grobe Karte des Sees
zeichneten, staunten sie nicht schlecht. Der Wostok-See ist
mit einer Länge von 250 Kilometern, einer Breite bis zu 50
Kilometern und einer Tiefe bis zu tausend Metern einer der
größten Seen auf der Erde. Und er ist nicht allein. Inzwischen
haben Wissenschaftler mit ihren Radarstrahlen mehr als 150
weitere Seen unter dem Eis der Antarktis entdeckt.

Bisher war noch niemand dort unten. Das wäre auch ein äußerst unheimliches Erlebnis. Denn statt eines blauen Himmels
wölbt sich knapp über dem Wasser eine Decke aus 3 700 Meter
dickem Eis. Und dann ist das Gewässer auch noch schräg, das
Südufer liegt rund 300 Meter höher als das Nordufer. Abfließen kann das Wasser ja nicht, weil ringsum Eis liegt. Und so
bleibt der Wostok-See eben unheimlich schräg.

Ob es da unten wirklich Bewohner gibt, ist übrigens alles
andere als klar. Natürlich könnten vor vielen Jahrmillionen
dort Organismen eingeschlossen worden sein, als die Gletscher
den Boden der Antarktis vom Rest der Welt abschnitten. Mik-
roorganismen könnten auch mit dem Eis langsam in die Tiefe
sinken. Das würde zwar fast eine halbe Million Jahre dauern,

aber Bakterien sind ja hart im Nehmen. So weit die Theorie. Genaueres werden die Forscher wohl erst erfahren, wenn sie durch ein paar Tausend Meter Eis ein Loch bis zum Wostok-See bohren und dann sein Wasser genau untersuchen.

Harte Nüsse 7

»Vielleicht bekommen sie dort unten dann auch einiges zu hören«, orakelt der Seebär. Schließlich ist es auch im Südpolarmeer nicht so still, wie man vermuten würde. Wenn man dort ein Unterwassermikrofon in die Fluten hält, hört man manchmal geheimnisvolle Gesänge. Woher aber kommt diese Musik?

a) In den Gewässern rings um die Antarktis gibt es viele Wale, die dort einen reich gedeckten Tisch vorfinden. Diese Meeressäuger bekommen rasch mit, wo Forscher ihre Lauschstationen aufgestellt haben. Und da sie gern den Kontakt zu Menschen suchen, werden sie zu begeisterten Unterwassersängern, sobald sie ein Mikrofon entdecken.

b) Eisberge haben ein ungeahntes musikalisches Talent. Während sie langsam durchs Südpolarmeer treiben, singen sie klagende Melodien vor sich hin.

c) Auch im einsamen Südpolarmeer sind etliche Schiffe unterwegs, die Touristen oder Wissenschaftler an Bord haben. Natürlich wird in den Kabinen oder Gemeinschaftsräumen auch immer wieder Musik gespielt. Deren Schwingungen übertragen sich über die Schiffswände aufs Wasser.

Die richtige Lösung steht auf Seite 181.

8

Hauptsache Holz: Wälder, Bäume und Gestrüpp

»Ich glaube, jetzt reicht's erst mal mit diesen Eisgeschichten«, meint der alte Seebär. Einige seiner Zuhörer haben schon ihre Jacken zugeknöpft und fröstelnd die Hände in den Taschen vergraben. Eigentlich hatten sie gar nicht vorgehabt, nach dem Grillen noch so lange im Garten sitzen zu bleiben. Doch die Storys waren einfach zu spannend für eine Unterbrechung. Jetzt aber spüren sie deutlich die Kälte, die ihnen in die Hosenbeine kriecht. Denn während das Grüppchen in Gedanken auf Polarexpedition war, ist die Sonne Richtung Horizont gewandert. Es ist ungemütlich geworden vor dem Haus hinter dem Deich. »Also, wenn ihr noch länger bleiben wollt, könnten wir den Kamin anmachen«, schlägt der Hausherr vor. »Wer hilft mir mit dem Holz?« Und schon stiefelt er mit großen Schritten Richtung Schuppen. »Hm, Holzmachen wäre auch mal wieder angesagt«, brummt er mit einem kritischen Blick auf die stark geschrumpften Vorräte. Dabei fällt ihm ein, dass es aus dem Reich der Bäume auch allerhand fantastische Geschichten zu erzählen gibt. »Ihr wisst ja, wie es in diesem alten Lied heißt«, wendet er sich augenzwinkernd an sein Publikum. »Im Wald, da sind die Räuber.« Aber nicht nur die. Sondern auch die Giftmischer, die Folterknechte und die Westernhelden. Und die Musiker.

Pfeilgift im Pelz

Nicht mit allen Waldbewohnern ist gut Kirschen essen. Von Mähnenratten zum Beispiel sollten Hunde und andere Raubtiere lieber die Pfoten lassen. Denn einen unvorsichtigen Angriff könnten sie mit dem Leben bezahlen. Dabei sehen Mähnenratten eigentlich ganz harmlos und in den Augen eines Hundes vermutlich sogar recht appetitlich aus. Die mehr als 30 Zentimeter großen Nagetiere haben ein grau-braunes Fell und einen auffälligen Kamm aus langen Haaren auf dem Rücken, ihr Gesicht erinnert ein bisschen an ein Meerschweinchen. Und auch das Schneckentempo, mit dem sie durch die ostafrikanischen Wälder streifen, wirkt eher gemütlich als gefährlich.

Sobald sie sich allerdings bedroht fühlen, reagieren die Nager äußerst selbstbewusst. Sie reißen das Maul auf, legen den Kopf in den Nacken und stellen ihren Rückenkamm hoch. Dabei fällt ihr Fell in eine neue Frisur, plötzlich ist an der Seite des Körpers ein auffälliges, schwarz-weißes Muster zu erkennen, das normalerweise von den längeren Haaren verdeckt wird. Diesen Fellstreifen halten sie dem Angreifer geradezu herausfordernd vor die Nase. Und sie denken gar nicht daran zurückzuweichen. Dazu haben sie auch gar keinen Grund. Denn die scheinbar harmlosen Nager sind regelrechte Giftfässer auf Beinen.

Sie kennen nämlich das Geheimnis eines kleinen Baumes, der bezeichnenderweise zur Familie der Hundsgiftgewächse gehört. Aus dieser Pflanze gewinnen manche afrikanischen Völker traditionell ein Pfeilgift, das sogar Elefanten töten kann. Die Mähnenratten kauen die Rinde und die Wurzeln des gefährlichen Gewächses, vermischen den giftigen Brei mit Speichel und schmieren ihn sich an die Flanken. Dort wachsen raffiniert gebaute Spezialhaare, die sich mit der Chemiewaffe

vollsaugen – und dann kann der Angreifer kommen. Sobald er zubeißt oder das schwarz-weiße Haarfeld auch nur berührt, beginnt das Gift auf sein Herz zu wirken. Im günstigsten Fall kommt er mit Bewegungsstörungen, Schaum vorm Maul und Erschöpfungszuständen davon. Es sind aber auch schon Hunde an Herzschlag gestorben.

Giftige Igel

So tödliche Waffen wie bei den Mähnenratten haben Forscher noch bei keinem anderen Säugetier gefunden. Allerdings gibt es auch in Europa eine Art, die immer mal wieder mit Giften hantiert. Und wieder ist es ein Tier, dem man solche Experimente nicht unbedingt zugetraut hätte: Auch Igel haben

schließlich ein eher harmloses Image.

Die Stachelträger sind aber schon öfter dabei beobachtet worden, wie sie auf den Hautdrüsen von Erdkröten herumkauten. In diesen Drüsen produzieren die Amphibien verschiedene Abwehrwaffen, die auf das Herz, das Gehirn und das Rückenmark ihrer Feinde wirken. Die Igel scheinen die-

se Verbindungen als Second-Hand-Gifte zu nutzen: Sie kauen
sie aus der Krötenhaut heraus und schmieren sie sich dann in
die Stacheln. Hunde, die sich an so einen eingeriebenen Igel
wagen, bekommen besonders schmerzhafte Stiche in die emp-
findliche Schnauze. Sterben werden sie daran allerdings nicht.

Folterknechte und Gewichtheber

Doch nicht nur die Gejagten, sondern auch die Jäger unter
den Waldbewohnern haben reichlich fiese Tricks auf Lager.
»In den Wäldern Südamerikas zum Beispiel hausen Räuber-
banden, die vor nichts zurückschrecken«, packt der Seebär
die nächste Geschichte aus. Sie verüben Überfälle, verschleppen ahnungslose Reisende und setzen ihren hilflosen Opfern
manchmal zu wie mittelalterliche Folterknechte. Dabei sind
die Wegelagerer nur ein paar Millimeter groß. Doch sie sind
stark, sie sind viele und sie haben eine gute Taktik. Ameisen
gehören zu den raffiniertesten Jägern, die das Insektenvolk
hervorgebracht hat.

Beliebte Verstecke für die krabbelnden Horden sind die Un-
terseiten von Blättern. Auf einem einzigen Baum lauern dort
manchmal Tausende von Tieren und warten mit weit aufge-
rissenen Mundwerkzeugen, bis ein ahnungsloses Insekt darauf
landet. Dann geht alles ganz schnell: Die am nächsten sitzenden Angreifer stürzen hervor und treiben ihr erschrocke-
nes Opfer vor sich her auf die noch im Hinterhalt versteckten
Kumpane zu. Und sobald es in die Nähe des Blattrandes gerät,
stürzt sich auch der Rest der Räuberbande ins Getümmel. Die
Tiere packen zu, zerren an Beinen und Flügeln, bis die Beute
sich nicht mehr bewegen kann, und beißen sie dann gemeinsam tot.

Es gibt sogar Ameisen, die dafür Streckbänke wie aus dem
besten mittelalterlichen Folterkeller bauen. Dazu benutzen sie

Haare, die an den Zweigen ihrer Wohnbäume wachsen. Erst mal beißen sie ein paar davon ab, lassen andere aber stehen. Dann würgen sie einen klebrigen Brei aus und kitten die losen Haare zu einer löchrigen Plattform zusammen, die auf den stehen gebliebenen Haaren ruht. Das Ganze verstärken die Tiere schließlich noch mit einem Pilzgeflecht, das sie extra zu diesem Zweck züchten. Damit ist die Falle fertig. Die sechsbeinigen Jäger verstecken sich unter der Plattform, und sobald ein Opfer auftaucht, schießen sie aus ihren Löchern und packen zu. Sie zerren so lange an Beinen und Flügeln, bis sich das Insekt nicht mehr bewegen kann. Und dann töten sie es.

Mit solchen gemeinschaftlichen Überfällen aus dem Hinterhalt können die nur wenige Millimeter großen Ameisen auch Heuschrecken oder Schmetterlinge überwältigen, die viel größer sind als sie selbst. Zumal die winzigen Räuber gewaltige Kräfte haben. Manche können in ihren Mundwerkzeugen sogar eine Zehn-Cent-Münze an einem Faden herabbaumeln lassen. »Das ist ungefähr so, als würden wir mit den Zähnen ein Langstreckenflugzeug mitsamt Passagieren halten«, erklärt der Seebär beeindruckt.

Westernhelden im Mini-Format

Kraft ist aber nicht alles, wenn man erfolgreich jagen will. Geschicklichkeit braucht man auch. Manche Spinnen zum Beispiel könnten glatt als Westernhelden durchgehen. Denn was wäre ein Westernfilm ohne Lassos? Da wirbeln Reiter in vollem Galopp ein Seil über dem Kopf, werfen die Schlinge geschickt über den Hals oder ein Bein des flüchtenden Rindes und bringen das Tier damit zu Fall. Eine ähnlich actionreiche Variante haben auch die südamerikanischen Viehtreiber, die Gauchos, auf Lager. Surrend lassen sie mehrere zusammengebundene Seile durch die Luft kreisen, an deren Enden schwere Kugeln hängen. Nach dem spanischen Wort für »Kugel« heißt dieser verlängerte Arm dann auch »Bola«. Damit kann man jagen oder flüchtendes Vieh einfangen, indem man einem rennenden Tier das heimtückische Gerät zwischen die Beine wirft.

Lasso-Spinnen

Solche Tricks kennen allerdings nicht nur Viehtreiber. Amerikanische Bola-Spinnen könnten bei jedem Rodeo problemlos mithalten – wenn sie nicht so klein wären und ihre Künste auch mal tagsüber vorführen würden. Die anderthalb Zentimeter großen Tiere weben kein Netz, sondern spannen nur einen einzelnen Faden auf. Daneben legen sie sich nachts auf die Lauer. Einen weiteren Faden mit einem klebrigen Tropfen am Ende halten sie als Bola bereit. Und dann beginnen sie, Düfte in die Dunkelheit zu senden.

Denn sie jagen ihrer Beute nicht etwa selbst

hinterher. Das wäre viel zu anstrengend! Sie warten einfach, bis das Opfer von selbst in Wurfweite kommt. Damit das nicht so lange dauert, setzen die Spinnen auf ein Täuschungsmanöver. Sie machen den Geruch von Mottenweibchen nach und locken damit die Männchen der Nachtfalter an. Wenn die darauf hereinfallen, wird es für sie lebensgefährlich. Denn sobald ein liebestrunkener Motten-Mann nahe genug herangeflattert ist, schwingt die Spinne ihre Bola und schleudert ihm den klebrigen Tropfen an die Flügel. Wenn sie richtig getroffen hat, braucht sie den Faden nur noch einzuholen und die nächste Mahlzeit ist gesichert.

Pilz-Cowboys

Doch nicht nur in Spinnen-Kreisen sind solche Wildwest-Methoden beliebt. Sogar unter der Erde gehen Cowboys auf die Jagd. Dort leben nämlich Pilze, die es auf Fadenwürmer abgesehen haben. Um die zu erwischen, legen sie kleine Schlingen aus, die an einem Stiel hängen. Kriecht ein unvorsichtiger Wurm hinein, zieht sich das Lasso blitzschnell zusammen und erdrosselt die Beute. Biologen überlegen schon, ob sich diese Pilzwaffe vielleicht zur Schädlingsbekämpfung nutzen lässt. Denn Fadenwürmer sind bei Landwirten extrem unbeliebt, weil sie sich zum Beispiel über Tomaten oder Kartoffeln her-

machen. Im Labor haben australische Forscher die Lassokünstler schon gegen ihre gefräßigen Gegner antreten lassen. Und tatsächlich haben die Pilz-Cowboys die Würmer fast komplett vernichtet. Auf richtigen Feldern klappt das noch nicht so gut, weil die Pilze dort zu langsam wachsen. Die Biologen hoffen aber, noch erfolgreichere Lasso-Helden züchten zu können.

Blätter auf Empfang

Wenn Fledermäuse hungrig sind, verlassen sie sich dagegen lieber auf ihre Ohren als auf ihre Wurfkünste. Sie haben nämlich eine sehr raffinierte Technik entwickelt, um sich zu orientieren und Beute zu finden. Da diese Tiere meist nachts unterwegs sind, helfen ihnen ihre Augen nicht viel weiter. Also stoßen sie sehr hohe Ultraschall-Schreie aus, die Menschen gar nicht hören können. Dann lauschen sie auf die Echos, die Hindernisse oder Beutetiere zurückwerfen. Daraus können sie schließen, wie es um sie herum aussieht. Sie sehen sozusagen mit den Ohren.

 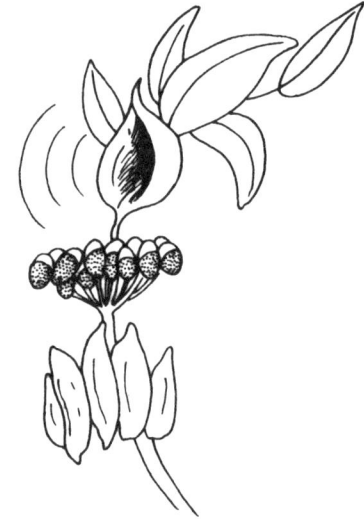

Das aber macht sich eine Schlingpflanze im kubanischen Regenwald zunutze. Wie etliche Hundert andere Gewächse in Süd- und Mittelamerika lässt sie ihre Blüten von nektarfressenden Fledermäusen bestäuben. Die aber müssen die Pflanze im unübersichtlichen Regenwald erst einmal finden. Damit das klappt, hat das Gewächs einen besonderen Trick auf Lager. Über seinen großen dunkelroten Blüten wächst ein speziell geformtes Blatt, das aussieht wie eine Satellitenschüssel. Das fängt die Peilgeräusche der Fledermäuse auf und wirft sie als gleichmäßiges und lautes Echo zurück.

Von normalen Blättern hören die Tiere dagegen ein ziemliches Chaos von Ultraschallgeräuschen. Sie brauchen ja nur ein paar Zentimeter weiter zu fliegen und schon kommt aus dem Laub wieder ein ganz anderes Echo. Die Satellitenschüssel-Blätter dagegen klingen immer gleich, auch wenn das Tier sie aus verschiedenen Richtungen anpeilt. Deshalb sind sie für Fledermäuse besonders gut zu orten. Das Klettergewächs ruft sozusagen: »Hier bin ich!«

Um zu testen, wie gut diese Botschaft ankommt, haben Wissenschaftler kleine Schälchen mit Zuckerwasser versteckt und Blütenfledermäuse danach suchen lassen. Einige dieser Fledermaus-Bars waren mit einem nachgemachten Satellitenschüssel-Blatt ausgerüstet, andere mit einem normalen Blatt und wieder andere standen einfach so in der Gegend. Und siehe da: Die flatternden Zuckerwasserjäger brauchten nur halb so lange, um die Schälchen mit dem Spezialblatt zu entdecken. »Das wirkt für ihre Ohren offenbar so, wie für einen Seemann die Neonreklame über einer Hafenkneipe«, meint der Seebär und zieht nachdenklich an seiner kalten Pfeife.

La la la ...

Es gibt im Regenwald aber noch mehr Interessantes zu hören. Auf der Insel Borneo in Südostasien zum Beispiel dringen manchmal minutenlang seltsame, auf- und absteigende Töne durchs Unterholz. »Als ich das Ganze zum ersten Mal hörte, dachte ich an singende Wale«, erinnert sich der Ozeanreisende. Doch die anrührende Melodie kommt aus dem Maul eines – Nashorns.

Solchen Dickhäutern mag man ja alles Mögliche zutrauen, als Musikfans aber sind sie eigentlich nicht bekannt. Umso verblüffter war die Biologin Petra Kretzschmar vom Leibniz-Institut für Zoo- und Wildtierforschung in Berlin, als sie zum ersten Mal ein weibliches Sabah-Nashorn belauschte. Das Tier badete in einem Schlammloch und sang dabei pausenlos vor sich hin. Dabei sind Sabah-Nashörner Einzelgänger, die kaum auf ein großes Publikum hoffen können. Für wen sie dann überhaupt singen, ist eines der vielen Rätsel, die Petra Kretzschmar und ihre Kollegen gern lösen würden.

Das ist allerdings gar nicht so einfach. Denn Sabah-Nashörner, die mit einem Meter dreißig Schulterhöhe und 500 bis 600 Kilogramm Gewicht die kleinsten Nashörner der Welt sind, lassen sich nicht so leicht in die Karten schauen. Die Unterart des Sumatra-Nashorns führt ein heimliches Leben in

den Tieflandregenwäldern im Norden Borneos. Da bekommt
man sie so gut wie nie zu Gesicht.

Sich im Dämmerlicht des dichten Regenwaldes nur auf seine Augen zu verlassen, ist aber ohnehin keine gute Idee. Auch
die Dickhäuter selbst könnten ihre Artgenossen so nur schwer
aufspüren. Zumal Nashörner ohnehin schlecht sehen. Und das
ist vielleicht die Erklärung, warum das musikalischste Nas-
horn der Welt nicht in der Savanne, sondern im Wald lebt.
Singen ist schließlich eine gute Möglichkeit, in diesem unübersichtlichen Lebensraum in Kontakt zu bleiben. Vielleicht
verständigen sich die Mütter ja so mit ihren Kindern, vermutet
Petra Kretzschmar. Dafür spricht, dass bisher nur Weibchen
durch Singen aufgefallen sind. Aus den Kehlen der Männchen
kommen eher Rufe als Gesänge. Da müssen die Väter wohl
noch ein bisschen üben.

Eifersucht und Harmonie

Doch nicht immer sind es nur die Weibchen, die singen.
Bei den Ameisenvögeln im südamerikanischen Amazo-
nas-Regenwald singen zum Beispiel Männchen und Weibchen lieber zusammen. Und auch sonst stehen sie sehr auf
Zweisamkeit. Das ganze Jahr über verteidigen sie ein ge-
meinsames Revier und weichen ihrem Gefährten dabei kaum
mehr als zehn Meter von der Seite. So harmonisch, wie es
auf den ersten Blick wirkt, ist das Zusammenleben aber auch
wieder nicht. Denn beim Singen geraten sich die Unzertrenn-
lichen durchaus mal in die Federn.

Solange es gegen einen gemeinsamen Gegner geht, ist meist
noch alles in Ordnung. Zwitschert irgendwo ein fremdes Paar,
hält man mit einer gemeinsamen Darbietung dagegen – und
zwar harmonisch, bitte! In solchen Situationen geben Männchen und Weibchen abwechselnd je eine Strophe zum Besten.

Und jeder erhebt erst dann seine Stimme, wenn der letzte Ton des Partners verklungen ist. Sie wollen sich ja nicht gegenseitig in die Parade fahren, damit das Gesamtergebnis auch richtig eindrucksvoll klingt und die Rivalen in die Flucht schlägt. Diese könnten ihnen ja sonst das Revier streitig machen.

Sobald aber nur die Stimme eines einzelnen Weibchens ertönt, ist es mit der Harmonie des Vogelduos schlagartig vorbei. Das Männchen beginnt zwar zunächst mit seiner üblichen Strophe, doch die Partnerin funkt ihm ständig dazwischen. Selbst wenn der männliche Sänger schließlich entnervt aufgibt und ein anderes Lied anstimmt, unterbricht ihn das Weibchen immer wieder.

Dahinter könnte Unfrieden in der Vogelbeziehung stecken, vermuten britische Forscher. Vielleicht fühlt sich das Weibchen ja von der fremden Artgenossin bedroht und fürchtet um seinen Partner. Der könnte sich von einer verführerischen Stimme schließlich zum Fremdgehen hinreißen lassen. Und wenn die Rivalin attraktiver ist, macht er sich vielleicht ganz aus dem Staub. So weit darf man es erst gar nicht kommen lassen! Da heißt es eingreifen und dazwischenzwitschern, was das Zeug hält. Das Ganze erinnert ein bisschen an eifersüchtige Ehefrauen. »Manche fallen ihrem Mann ja auch dauernd ins Wort, damit er bloß nicht mit anderen Frauen flirten kann«, sagt der alte Seebär augenzwinkernd.

So leicht aber gibt ein gefiedertes Gesangstalent nicht auf. Stur versucht das Männchen, seine Performance doch noch zu retten, und weicht auf Strophen mit anderen Rhythmen aus. Wenn das Weibchen dann wieder einhakt, entstehen immer kompliziertere Gesänge. Eifersucht hat also wohl zumindest musikalisch ihr Gutes.

Auf ganz ähnliche Weise könnten auch die eindrucksvollen Chöre mancher Affenarten entstanden sein. Und was ist eigentlich mit unserer eigenen Musik? Warum sollten die Urahnen des Menschen nicht auch schon versucht haben, die Rhythmen ihrer Steinzeit-Gefährten mal zu stören und mal besonders gut klingen zu lassen? Vielleicht sind sie ja so zu immer besseren Musikern geworden.

Harte Nüsse 8

Degus können mit Musik nicht viel anfangen. Doch die bis zu 20 Zentimeter großen Nagetiere, die in den Wäldern und im Buschland Chiles leben, haben dafür ein anderes ungewöhnliches Talent. Sie können nämlich das kurzwellige UV-Licht sehen, das Menschen und den meisten anderen Säugetieren verborgen bleibt. Wozu aber brauchen sie dieses Talent?

a) Zu intensive UV-Strahlung ist gefährlich, weil sie zu Sonnenbrand führt und die Zellen schädigt. Das Fell der Degus ist nicht dicht genug, um die Tiere davor zu schützen. Deshalb haben die Nager das UV-Sehen entwickelt. Sie erkennen damit Stellen mit hohem Sonnenbrand-Risiko und meiden diese.

b) Degus analysieren damit die Toiletten ihrer Artgenossen. Je nach Alter reflektiert der Urin der Nager das

Licht auf unterschiedliche Weise. Frische Spuren werfen viel UV-Strahlung zurück, ältere weniger. Mit ihren UV-empfindlichen Augen können die Tiere also erkennen, wo derzeit die beliebtesten Degu-Treffs sind.

c) Das Fell ihrer Artgenossen reflektiert UV-Strahlung. Dadurch entstehen Muster, die für menschliche Augen unsichtbar sind, im Leben der Degus aber eine wichtige Rolle spielen. Ähnlich wie bei vielen Vogelarten gilt: Wer das schönste Muster hat, ist der begehrteste Partner.

Die richtige Antwort steht auf Seite 181.

9

Wogendes Grün: Felder, Wiesen und Savannen

Mit diesen unglaublichen Geschichten vergehen die Stunden wie im Flug. Inzwischen ist es Nacht geworden und im Häuschen des alten Seemanns prasselt ein Feuer im Kamin. Die Zuhörer haben es sich in der warmen Stube gemütlich gemacht und der unermüdliche Erzähler hat für seine Gäste eine große Portion Lasagne in den Ofen geschoben. »Mit Gemüse aus eigenem Anbau«, wie er stolz betont. Jedes Jahr führt er einen anstrengenden, aber erfolgreichen Kampf gegen das Heer von gefräßigen Schnecken und Blattläusen, das seine Ernte bedroht. Dabei hat er festgestellt, dass Tomaten gar nicht so wehrlos sind, wie sie auf den ersten Blick aussehen. »Zwischen ganz normalen Gemüsepflanzen oder Grashalmen spielen sich genauso unglaubliche Geschichten ab wie im geheimnisvollsten Wald«, meint er. »Mindestens!« Und schon fängt er wieder an zu erzählen. Von wanderndem Weizen und Tomaten mit Sekundenkleber. Von Karussell fahrenden Käfern und Blattlausspucke. Und von Elefanten, die ohne Alkohol besoffen werden.

Besoffene Elefanten

»Wenn die Früchte des Marula-Baums in den Savannen Afrikas überreif sind, torkeln die dortigen Elefanten doch ziemlich verwirrt durch die Gegend«, beginnt er seine erste Story. Die Zuhörer schnuppern sicherheitshalber mal an seiner Teekanne, nicht dass er da Rum hineingegossen hat. Hat er nicht, er ist ganz und gar nüchtern.

Gibt es also tatsächlich besoffene Elefanten? Als britische Forscher diesem Seemannsgarn auf den Grund gingen, mussten sie die Geschichte leider ins Reich der Legenden verweisen – zumindest teilweise. Zwar können die gelben, mirabellengroßen Marula-Früchte tatsächlich drei Prozent Alkohol enthalten. Das ist fast so viel wie bei Bier, das es auf etwa fünf Prozent bringt. Die Marula-Früchte erreichen diesen Alkoholgehalt jedoch nur dann, wenn sie drei oder vier Tage vorher vom Baum gefallen sind. So lange aber warten die Elefanten normalerweise nicht, sie holen sich die Früchte fast immer direkt von den Ästen. Das Fallobst mit dem vielen Alkohol verschmähen sie dagegen.

Selbst wenn sie aber die mit drei Prozent Alkohol angereicherten Marulas vom Boden fressen würden, müssten sie davon an einem Tag das Vierfache einer normalen Ration verspeisen. Und sie müssten auf ihren täglichen Schluck Wasser verzichten, der normalerweise 150 Liter Flüssigkeit in den Magen spült. Nur dann könnten sie sich unter den günstigsten Umständen einen halbwegs bemerkbaren Rausch anfressen, haben die Wissenschaftler ausgerechnet.

»Ich habe aber immer wieder Elefanten wie besoffen unter den Marula-Bäumen herumtorkeln sehen«, beharrt der Seebär auf seiner Geschichte. Wenn nicht der Alkohol schuld ist, was dann? Die Forscher vermuten, dass es sich dabei um giftige Käferpuppen handelt, die in der Rinde der Marula-Bäume le-

ben. Wenn die Dickhäu-
ter diese bei einer Rin-
denmahlzeit mitfressen,
schädigt das Gift wohl
das Nervensystem und
die Elefanten haben ih-
re Schritte nicht mehr
richtig unter Kontrol-
le. Obwohl sie gar
nichts Alkoho-
lisches zu sich
g e n o m m e n
haben, han-
deln sie sich
so einen un-
v e r d i e n t e n
Ruf als Trun-
kenbolde ein.

Rote Klamotten? Hau bloß ab!

Aber auch vollkommen nüchterne Elefanten bringen Biologen
immer wieder zum Staunen. Zum Beispiel mit ihrem Talent,
Menschen unterscheiden zu können. In unseren Augen sehen
sich die Dickhäuter untereinander ja ziemlich ähnlich. Viele
Leute haben schon Schwierigkeiten, Asiatische Elefanten von
deren Verwandten aus Afrika zu unterscheiden. Dabei handelt
es sich um verschiedene Arten, die man anhand der Größe
ihrer Ohren und der Form ihres Rückens ziemlich leicht auseinanderhalten kann: Kleine Ohren, runder Rücken? Alles klar:
Asiatischer Elefant. Dann aber wird es erst richtig schwierig:
Handelt es sich um einen Indischen Elefanten? Einen Sumat-
ra-Elefanten? Oder vielleicht einen Sri-Lanka-Elefanten? Bei

der Bestimmung dieser Unterarten müssen wohl die meisten Menschen passen.

Wenn Elefanten in der umgekehrten Situation sind, stellen sie sich dagegen längst nicht so begriffsstutzig an. Sobald sie einem Menschen gegenüberstehen, können sie problemlos erkennen, zu welchem Volk er gehört. Die Dickhäuter im Amboseli-Nationalpark in Kenia zum Beispiel haben es regelmäßig mit zwei afrikanischen Völkern zu tun, nämlich den Kamba und den Massai. Vor letzteren aber haben sie viel mehr Angst. Das ist auch kein Wunder. Die Kamba sind nämlich Bauern, die normalerweise keinem Dickhäuter etwas zuleide tun. Eine Begegnung mit dem Hirtenvolk der Massai dagegen kann für Elefanten gefährlich werden. Denn die jungen Massai-Krieger wollen ihre Männlichkeit manchmal dadurch beweisen, dass sie mit einem Speer auf die Tiere losgehen. Die beiden Gruppen auseinanderhalten zu können, ist für Elefanten also wichtig.

Der Geruch der Massai

Fragt sich, woran sie den Unterschied erkennen. Am Geruch vielleicht? Sieht ganz so aus. Wissenschaftler haben jeweils ein paar Männer aus beiden Völkern gebeten, ein Stück Stoff fünf Tage lang am Körper zu tragen. Dann haben sie die Wirkung dieser Fetzen an den Mitgliedern von 18 Elefantenherden getestet. Es dauerte nie lange, bis die Tiere den Kopf hoben und den Rüssel prüfend in Richtung Stoff streckten. Roch das Material nach Massai, rannten sie im Eiltempo davon und blieben erst stehen, wenn sie sich weit weg in hohem Gras verstecken konnten. Die gleichen Elefanten hatten viel weniger Angst vor dem Stoff, den die Kamba-Männer getragen hatten. Zwar machten sie sich auch in diesem Fall aus dem Staub. Doch so richtig eilig hatten sie es nicht. Sie flüchteten auch längst nicht so weit und beruhigten sich schneller wieder.

Wenn es um Menschen geht, ist Geruch aber nicht alles. Oft kann man sie auch ganz einfach an ihrer Kleidung unterscheiden: Was bei den einen als extrem cool gilt, würden die anderen höchstens im Notfall anziehen. Das gilt auch für die Nachbarn der Amboseli-Elefanten. Während die Kamba alle möglichen Farben tragen, ist das typische Massai-Outfit leuchtend rot. Und das wissen auch die Elefanten. Als die Forscher ihnen geruchlosen roten Stoff präsentierten, reagierten sie darauf deutlich heftiger als auf weißes Material. Allerdings zeigten sie diesmal keine Angst, sondern wurden aggressiv. Vielleicht schließen die Tiere aus dem fehlenden Geruch, dass keine unmittelbare Gefahr besteht. Also überwinden sie ihre Angst. Und plötzlich sehen sie eine gute Chance, den verhassten Massai endlich mal zu zeigen, was sie von ihnen halten.

Mit Geduld und Spucke

Auch ihre Meinung über bestimmte Pflanzen zeigen Elefanten oft sehr deutlich. Wehe dem Gewächs, das die grauen Riesen in die Schubladen »Essbar« oder »Steht im Weg« eingeordnet haben: Die trampelnden Füße und rupfenden Rüssel können eine Schneise der Verwüstung durch eine Landschaft ziehen, selbst Bäume halten den Kräften der Dickhäuter nicht immer stand.

Um in der Pflanzenwelt aufzuräumen, müssen Tiere jedoch nicht unbedingt groß und stark sein. So schrillen bei Gärtnern oft die Alarmglocken, wenn kleine grüne Insekten über Blumen und Gemüse krabbeln. Dann herrscht Blattlaus-Alarm! Die winzigen Insekten richten im Gartenbau und in der Landwirtschaft eine Menge Schaden an. Sie können sich explosionsartig vermehren und befallen dann scharenweise die Triebe, Knospen und Blätter fast aller Nutz- und Ziergewächse. Was sie vorhaben, ist ein Anschlag auf die Energieversorgung der Pflanzen.

O'zapft is'

Mit ihren Saugrüsseln bohren die kleinen Plagegeister nämlich lebenswichtige Leitungen im Inneren der Gewächse an. Diese transportieren den in den Blättern hergestellten Zucker in andere Pflanzenteile. Die Blattläuse sehen darin jedoch eine ständig geöffnete Bar mit nahrhaften, zuckrigen Cocktails.

An diese Säfte heranzukommen, ist aber gar nicht so einfach. Denn die Pflanzen versuchen, jedes Leck in der Leitung so schnell wie möglich zu reparieren.

Schließlich wollen sie möglichst wenige Nährstoffe verlieren und verhindern, dass durch die Verletzungen Krankheitskeime eindringen. Das hindert die Blattläuse allerdings nicht am Saugen. Denn sie kennen eine raffinierte Methode, um ihre grünen Saftlieferanten auszutricksen. Wie das geht, haben Forscher der Universität Gießen mit einer ganzen Reihe von Hightech-Messungen herausgefunden.

Es ist kein besonders appetitliches Geheimnis. Die Läuse spucken nämlich kräftig in die Pflanzenleitungen. Ihr Speichel enthält bestimmte Eiweiße, die Calcium stark anziehen und festhalten. Das aber braucht die Pflanze, um die Lecks in ihren Röhren zu verschließen. Schmetterlingsblütler, zu denen zum Beispiel Erbsen, Bohnen und Klee gehören, blasen zum Beispiel mithilfe von Calcium kleine Eiweißballons auf und stopfen damit die Löcher. Ohne Calcium aber klappt das nicht. Das Erfolgsgeheimnis der Blattläuse scheint also ihr besonderes Talent für Sabotage-Anschläge mit Spucke zu sein.

Tomaten mit Sekundenkleber

Manche Pflanzen aber wehren sich erfolgreich gegen solche Attacken. Tomaten zum Beispiel sind ein Albtraum für jede Blattlaus. Oft kommen die Tiere erst gar nicht dazu, ihren Saugrüssel anzusetzen. Denn die Gemüsepflanzen haben ihre Oberfläche mit tückischen Haaren bestückt, an deren Spitze jeweils ein kleines Köpfchen sitzt. Sobald eine unvorsichtige Laus im Vorbeigehen dagegenstößt, platzt diese Vorrichtung auf. Dabei setzt sie eine Art Sekundenkleber frei, der den krabbelnden Gegner blitzschnell außer Gefecht setzt.

Allerdings wirkt diese Waffe auch nicht gegen jeden Feind. Der Unbeständige Schmalhans zum Beispiel lässt sich davon nicht beeindrucken. Diese Weichwanze läuft unbeschadet über die gefährlichen Blätter und fängt die Läuse, die der Tomate noch nicht auf den Leim gegangen sind. Warum aber kleben die Wanzen nicht auch fest? Forscher von der Universität Kiel haben das inzwischen herausgefunden. Es liegt an den langen, dünnen Beinen, auf denen die Tiere unterwegs sind. Damit können sie wie eine Primaballerina über die Pflanzenhaare stolzieren, ohne die

Köpfchen zu berühren. Damit

sie nicht aus Versehen ausrutschen und doch dagegenstoßen, sind ihre Füße zusätzlich mit speziellen Krallen ausgerüstet. Die verleihen ihnen auf den behaarten Blättern einen besonders guten Halt. Und der pflanzliche Sekundenkleber bleibt in der Tube.

Weizen unterwegs

Klebehaare hin oder her – wenn es hart auf hart kommt, haben Pflanzen trotz aller Tricks einen gewaltigen Nachteil: Sie können ihren gefräßigen Feinden nicht einfach davonlaufen. Manchmal wäre es eben schon praktisch, Muskeln zu haben. Und Beine. »So ganz bewegungslos stehen einige Gewächse aber doch nicht in der Gegend herum«, erklärt der Seebär. Weizenkörner zum Beispiel beherrschen ein verblüffendes Kunststück. Ganz ohne Muskeln können sie über den Boden kriechen. Und sie bohren sich sogar aus eigener Kraft in die Erde.

Auch dafür gibt es einen wissenschaftlichen Zeugen. Ingo Burgert vom Max-Planck-Institut für Kolloid- und Grenzflächenforschung in Potsdam-Golm hat das sportliche Getreide schon häufig beobachtet. Und er kennt inzwischen auch dessen Geheimnis.

Im Nahen Osten gibt es heute noch urtümliche Weizenformen, deren Körner ein kräftiges Anhängsel an jeder Seite haben. Diese Grannen bestehen aus Zellulose-Fibrillen. Das sind lange Fäden aus dem Biomaterial Zellulose, das auch Holz seine Stabilität verleiht. Die winzigen Fasern liegen auf einer Seite der Granne parallel nebeneinander, auf der anderen dagegen herrscht ein größeres Durcheinander. Wenn das Korn nun feucht wird, quellen beide Bereiche auf. Die ungeordnete Seite wird dabei länger, die andere aber nicht. Ergebnis: Die Granne krümmt sich. Diesen Trick kennen in der Natur noch andere Pflanzen. Kiefernzapfen zum Beispiel öffnen sich nach einem ganz ähnlichen Prinzip.

Festgehakt

Nur durch die Krümmung seiner Grannen kommt so ein Weizenkorn allerdings nicht voran. »Bei uns reicht es ja auch nicht, nur mit den Armen in der Luft zu rudern«, weiß der alte Seefahrer. Man braucht schon auch einen festen Halt unter den Füßen. Wie wichtig der für die Vorwärtsbewegung ist, lernt man vor allem im Winter ganz schnell. Man braucht nur einmal zu versuchen, auf Eis zu laufen. Das klappt nur selten gut. Die Grannen der Weizenkörner verschaffen sich den nötigen Halt mit winzigen Haken aus Siliziumdioxid. Dieses harte Material holen Pflanzen ohnehin mit ihren Wurzeln aus dem Boden.

Sand zum Beispiel besteht häufig daraus. Und tatsächlich sind die Mini-Haken des Urweizens ähnlich fest wie ein Sandkorn.

Damit hat das Getreide nun die nötige Ausrüstung für sportliche Höchstleistungen beisammen. In seiner trockenen Heimat im Nahen Osten sind die Nächte nämlich meist viel feuchter als der Tag. Nachts quellen die Grannen also und krümmen sich. Dabei verankern sich die Haken fest im Boden. Die trockene Luft des nächsten Tages lässt das Material der Grannen dann schrumpfen und sie werden wieder gerade.

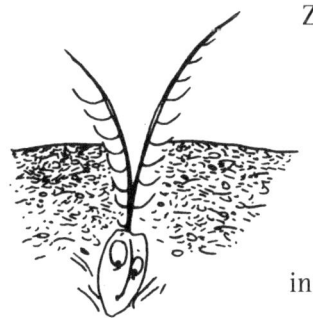

Zurückgleiten können sie aber wegen ihrer Häkchen nicht. Also bohren sie sich mitsamt dem Weizenkorn millimeterweise in die Tiefe. Und da sich dieser Vorgang jeden Tag wiederholt, erreicht der Weizen so ohne fremde Hilfe die Bodentiefe, in der er am besten keimen kann.

Zeigt eure Füße!

Zu einem Sprintrekord aber werden es die Weizenkörner wohl nie bringen. Insekten zum Beispiel laufen natürlich viel schneller. Dafür haben sie ein anderes Problem. Wieso rutscht so ein Käfer eigentlich nicht aus, wenn er auf einem Stängel oder Blatt herumturnt? Schließlich haben Pflanzen alle möglichen glatten oder rauen, schmierigen oder klebrigen Oberflächen entwickelt, um ihre Blätter vor gefräßigen Besuchern zu schützen.

Die Insekten wiederum sind überaus erfinderisch, wenn es darum geht, das grüne Restaurant trotzdem zu erreichen. Blattkäfer zum Beispiel haben unzählige feine Härchen unter ihren Füßen, die sie vor dem Ausrutschen und Abstürzen bewahren. Die bringen sie in ganz engen Kontakt mit der Oberfläche des Blattes. Jede einzelne der mikroskopisch feinen Spitzen trägt dann ein bisschen zur Haftung bei. Und da sich Zahl, Größe und Form der Haare bei den einzelnen Arten unterscheiden, kann sich je nach Oberfläche mal der eine Käfer besser festhalten und mal der andere.

Karussell für Käfer
Wie stark die Haftkräfte verschiedener Insekten sind, testen Forscher der Kieler Universität mit Spezialmessgeräten im Labor. Oft müssen die sechsbeinigen Kandidaten dabei Karussell fahren. Sie sitzen auf einer Trommel, die sich immer schneller dreht. Bis auf 3000 Umdrehungen pro Minute schafft das Gerät. Sensoren und Lichtschranken messen dann, bei welchen Geschwindigkeiten die Passagiere abgeworfen werden. Aus diesen Werten kann man ausrechnen, welche Haftkraft die Insektenfüße entwickeln und welche Gewichte die Tiere damit halten können. Dabei zeigen einige Arten Leistungen, die selbst Experten verblüffen.

Der Kleine Grüne Ampferblattkäfer zum Beispiel kann auf einer glatten Glasoberfläche mehr als das 200-Fache seines Körpergewichtes halten. Wenn das ein erwachsener Mensch nachmachen wollte, müsste er schon zehn Mittelklassewagen schaffen. Und auch andere Insekten wären die Stars in jedem Fitnessstudio. Kartoffelkäfer bringen es im Durchschnitt immerhin auf das 70-Fache ihres Körpergewichts, einige schaffen sogar mehr als das Hundertfache.

Männerfüße

Bei Käfern ist es eben auch nicht anders als bei menschlichen Gewichthebern: Was der eine noch lässig bewältigt, ist für einen anderen Artgenossen schon zu viel. Die Herkunft eines Tieres kann die Leistung im Karussellwettbewerb ebenso beeinflussen wie seine persönliche Fitness. Und auch das Geschlecht spielt eine Rolle. Auf glatten Oberflächen schneiden die Männchen normalerweise viel besser ab. Die haben nämlich nicht nur die üblichen Hafthilfen unter den Füßen, sondern zusätzlich auch noch andere Haartypen. Offenbar braucht das starke Geschlecht diese Spezialvorrichtungen für eine ganz besondere Herausforderung. Für Käfer-Romeos gilt es eben nicht nur, sicher über Blätter zu laufen. Bei der Paarung müssen sie sich auch auf den glatten Flügeldecken ihrer Partnerinnen festhalten. Sonst riskieren sie noch vor vollbrachter Tat einen unsanften Absturz.

Solche Erkenntnisse würden die Kieler Forscher gern für

den Pflanzenschutz nutzen. Schließlich gehören die Kartoffelkäfer und etliche ihrer Kollegen nicht gerade zu den gern
gesehenen Gästen auf Feldern und in Gewächshäusern. Vielleicht lassen sich die gefräßigen Sechsbeiner ja an der Paarung hindern, indem man gefährdete Pflanzenkulturen mit einem harmlosen Puder einstäubt. Der würde die glatten Flügel
der Weibchen stumpf machen, sodass die Füße der Männchen
nicht mehr haften. Das wäre das Ende des Käfer-Liebesspiels.

Hochzeitsgeschenke und Todesspiele

»Mit der Partnersuche ist es ja überhaupt so eine Sache«, hat
der Seebär im Laufe seines langen Lebens gelernt. »Wenn man
sich da beim Kennenlernen ein bisschen blöd anstellt, kann
es schnell peinlich werden.« Oder sogar lebensgefährlich. Zumindest, wenn man eine Spinne ist. Bei den Achtbeinern sind
die Weibchen meist viel größer und stärker als die Männchen.
Und wenn sich der Partner nicht so verhält, wie sie sich das
vorgestellt haben, kennen sie keine Skrupel: Sie fressen ihn
einfach auf. Kein Wunder, dass sich viele Spinnen-Romeos
viel Mühe geben, schon bei der ersten Begegnung einen guten
Eindruck zu machen.

Ein Geschenk zum Beispiel kommt
immer gut an. Das wissen auch
männliche Listspinnen, die fast
überall in Europa durch feuchte
Wiesen und andere Lebensräu-
me krabbeln. Also gilt es erst
einmal, ein schönes Präsent
zu besorgen. In Spinnen-
kreisen ist das normaler-
weise eine Fliege oder ein
anderes Beutetier. Das wird

dann hübsch in ein Geschenkpapier aus selbst gemachter Spinnseide eingewickelt und schon kann die Suche nach einer interessierten Partnerin losgehen.

Liebeswerben einer Spinne

Die wartet allerdings nicht unbedingt an der nächsten Ecke. Manchmal schleppen die Männchen ihr Geschenk tagelang mit sich herum. Wenn sie dann immer noch keine Abnehmerin gefunden haben, fressen sie den Happen eben selbst oder werfen ihn weg. Manchmal verlieren sie ihr Päckchen auch an einen stärkeren Konkurrenten, der dann gleich mehrere Geschenke zu einem größeren Paket zusammenspinnen kann. Irgendwann aber klappt es dann doch: Ein mögliches Paar steht sich gegenüber und das Männchen bekommt endlich Gelegenheit, sein Geschenk anzubieten. Nur wenn dieses Gnade findet, lässt sich das Weibchen auf eine Familiengründung ein. Während es noch genüsslich frisst, schreitet das Männchen zur Paarung.

Verliebte Scheintote

Geschafft, könnte man denken. Doch Spinnenfrauen sind unberechenbar. Manchmal brechen sie die Paarung einfach zwischendurch ab und versuchen, sich mit dem Geschenk aus dem Staub zu machen. Und das ist der Moment, in dem das Männchen plötzlich wie tot zu Boden fällt – allerdings ohne das Päckchen loszulassen. Lange haben Wissenschaftler darüber gerätselt, was das soll. Der Partnerin bei der Paarung den eigenen Tod vorzuspielen, ist ja schon ein ziemlich ungewöhnliches Verhalten. Vielleicht wollen die Tiere damit verhindern, dass sie von ihrer Gefährtin gefressen werden? Dann müssten Männchen in besonders gefährlichen Situationen logischerweise besonders oft scheintot vor die Füße ihrer Gefährtin fallen. Tun sie aber nicht, zeigen Versuche von dänischen und schwedischen Forschern: Behinderte Bewerber mit einem fehlenden Bein oder solche, die es mit besonders aggressiven Partnerinnen zu tun haben, wenden diesen Trick nicht häufiger an als andere.

Hinter dem gespielten Tod muss also etwas anderes stecken. Offenbar ist das eine Methode, das Weibchen wieder zum Sex zu bewegen: Männchen mit entsprechenden Schauspielerqualitäten gelingt das jedenfalls häufiger als ihren Kollegen, die nicht simulieren. Sie werden sogar mit einem besonders langen Geschlechtsakt belohnt. Das steigert ihre Chancen, eine neue Spinnengeneration zu zeugen. Und damit hat sich der ganze Aufwand gelohnt.

Harte Nüsse 9

Die Suche nach einem originellen Geschenk ist ja auch für Menschen nicht so ganz einfach. Wie wäre es zum Beispiel mit einem Päckchen Kopi Luwak? Das ist ein sehr spezieller Kaffee aus Südostasien. Ganz billig wird die Sache aber nicht. Für ein Kilogramm der gerösteten Bohnen zahlt man in Europa mindestens 220 Euro. Was aber macht diesen Kaffee so besonders?

a) Die Sträucher, auf denen die Früchte mit den Bohnen wachsen, sind sehr hoch und haben dünne, brüchige Äste. Man kann den Kaffee daher weder von Hand pflücken noch mit Maschinen ernten. Stattdessen haben die Plantagenbesitzer Affen für diese Aufgabe abgerichtet.

b) Der Kopi Luwak ist ein Wildkaffee, der nur in sehr entlegenen Gebirgsregionen wächst – und dort heute auch nur noch an den unzugänglichsten Stellen. Die Ernte ist deshalb sehr aufwendig, weil sie nur von Bergsteigern mit Spezialausrüstung durchgeführt werden kann.

c) Für echten Kopi Luwak müssen die Kaffeefrüchte erst einmal von Schleichkatzen gefressen und wieder ausgeschieden werden. Dann sammelt man den Kot der Tiere und holt die unverdauten Bohnen heraus.

Die richtige Antwort steht auf Seite 181.

10

Zwischen Beton und Misthaufen:
Städte und Dörfer

»Ich bin ja nicht so der Kaffeetrinker«, gibt der Seebär zu und
rümpft leicht die Nase. »Aber ich könnte uns noch einen guten
Tee machen.« Da sagen die Besucher, die es sich nach dem
Essen vor dem Kamin bequem gemacht haben, nicht Nein.
Zumal das Angebot interessant ist. Schließlich hat ihr Gastgeber immer sechs oder sieben Sorten dieses heißen Getränks
auf Vorrat, die ein kleiner Teeladen für ihn mischt. Die Rezep-
turen hat er von seinen vielen Reisen mitgebracht, die ihn in
die exotischsten Häfen rund um die Welt geführt haben. Und
an den Küsten tranken die Menschen schon immer gern heiße
Getränke, oft erfanden sie auch eigene Spezialitäten.

Doch der alte Seemann brachte aus Städten und Dörfern nicht
nur seine Teemischungen mit, sondern auch einen reichen
Schatz an spannenden und seltsamen Geschichten. »Ein paar
davon kann ich ja noch erzählen«, meint er und nippt an seiner Tasse. Und schon entführt er seine Zuhörer in Ameisen-
städte und zum Fledermaus-Casting, zu fliegenden Flaschen-
öffnern und ungerechten Blitzen. »Auch vor eurer Haustür
gibt es Fantastisches zu entdecken«, betont er immer wieder.
»Ihr müsst nur richtig hinschauen.«

Die krabbelnde Invasion

Denn manchmal spielen sich direkt vor der Nase der Menschen Dinge ab, von denen sie kaum etwas mitbekommen. Viele Stadtbewohner haben zum Beispiel keine Ahnung, wie groß das Gewimmel um sie herum wirklich ist. Sie sehen zwar jeden Tag die viel befahrenen Straßen und überfüllten Fußgängerzonen, die gut besuchten Cafés und Geschäfte. Und wenn sie mal wieder im Stau stehen oder sich nur noch mit Mühe in den voll besetzten Bus quetschen können, sind sie schon manchmal genervt von all diesen Leuten. Dabei haben sie die meisten ihrer Nachbarn noch gar nicht entdeckt. Städte sind nämlich nicht nur voller Menschen, sie haben auch ihre heimlichen Bewohner. Und zwar viele. So viele, dass wir in unseren eigenen Siedlungen hoffnungslos in der Minderheit sind.

Melbourne zum Beispiel hat knapp 3,4 Millionen Einwohner und ist damit die zweitgrößte Stadt Australiens. Wenn Argentinische Ameisen verächtlich die Nase rümpfen könnten,

würden sie das angesichts dieser Zahl vermutlich tun. Denn sie haben in Melbourne eine riesige Kolonie gegründet, die sich über hundert Kilometer quer durch die ganze Stadt zieht. Die Insekten überschwemmen die australische Metropole mit einem krabbelnden Heer aus Abermillionen ihrer nur zwei bis drei Millimeter großen, aber äußerst geschäftigen Arbeiterinnen.

Blinde Passagiere

Das klingt schon mal ziemlich rekordverdächtig. Schließlich leben die europäischen Ameisenarten normalerweise in ganz bescheidenen Kolonien, die nur ein paar Quadratmeter groß sind. In ihrer südamerikanischen Heimat machen das auch die Argentinischen Ameisen so. Allerdings schleichen sich die kleinen Insekten immer wieder unbemerkt ins Reisegepäck von Touristen oder in die Container, mit denen Waren aus Südamerika in andere Regionen der Welt transportiert werden. Und wenn sie am Ziel der Reise wieder aussteigen, scheinen sie irgendwie ein bisschen größenwahnsinnig zu werden.

Sie denken dann gar nicht mehr daran, in einzelnen kleinen Völkern zu leben und ihre Nachbarn aggressiv zu bekämpfen. Klar: In der Fremde müssen sie zusammenhalten, damit sie gegen die einheimische Insektenwelt überhaupt eine Chance haben. Nur mit vereinten Kräften können sie die Konkurrenz aus dem Feld schlagen und so neue Gebiete erobern. Also schließen sich viele Königinnen mit ihren Völkern zusammen und gründen Riesenreiche, von denen das in Melbourne keineswegs das größte ist. Eine dieser Superkolonien der Argentinischen Ameisen lebt in Europa und zieht sich über 6 000 Kilometer von der italienischen Mittelmeer-Stadt Genua bis zur Atlantikküste Portugals. An der kalifornischen Küste haben sich die Krabbeltiere sogar über 9 000 Kilometer ausgebreitet. Auf ein Leben in Deutschland scheinen sie bisher allerdings wenig Lust zu haben. Da wird es immer so unangenehm kalt. Warme Temperaturen wie am Mittelmeer sind den kleinen Eroberern einfach lieber.

Blitz-Magneten

Allerdings haben etliche Insekten aus südlichen Regionen inzwischen den Weg nach Deutschland gefunden. Für diese Wärmefans bieten Städte ein besonders günstiges Pflaster. Denn dort zeigt das Thermometer normalerweise höhere Werte als auf dem Land. Das liegt daran, dass sich Asphalt und Beton viel stärker aufheizen als zum Beispiel eine Wiese oder ein Wald. In heißen Sommern macht ein Stadtbummel deshalb nicht so richtig viel Spaß – da rinnt der Schweiß einfach zu sehr. Und wenn man Pech hat, brauen sich über dem Kopf auch noch verdächtig schwarze Wolken zusammen.

Dann zucken schon bald die ersten Blitze durch die schwüle Luft und ein Donnergrollen hängt über den Häusern. »Nicht schon wieder!«, stöhnen die Stadtbewohner, verlassen fluchtartig das Schwimmbad und versuchen, noch vor dem ersten Regenguss nach Hause zu kommen. Und so manchem kommt der Verdacht, dass sich das Wetter irgendwie gegen ihn verschworen hat. Vor allem wenn die Bekannten im Umland den Nachmittag mal wieder unbehelligt von Blitz und Donner im Liegestuhl verbracht haben. Kann Wetter wirklich so ungerecht sein?

Kann es. Blitze haben tatsächlich eine echte Schwäche für Städte. Das ist sogar wissenschaftlich erwiesen. In den USA haben Forscher die Gewitter in einem Gebiet von 300 Kilometern rings um die texanische Millionenstadt Houston unter die Lupe genommen. Sämtliche Blitze, die dort innerhalb von zwölf Jahren eingeschlagen sind, haben sie in eine Karte eingezeichnet. Und schon war die Ungerechtigkeit deutlich zu

sehen: In der Stadt wird jeder Quadratkilometer im Durchschnitt von sieben Blitzen pro Jahr getroffen. In der Umgebung schlägt es dagegen auf der gleichen Fläche nur zwei-
mal ein. Die schlechtesten Karten haben Freibadbesucher im
Sommer und Herbst während der Mittagszeit. Dann meldet die
Stadt über 70 Prozent mehr Treffer.

Hitze-Insel Stadt

Was aber zieht die Gewitter in die Städte? Erst mal scheinen sie die höheren Temperaturen zu mögen. Denn die Hitze
steigt aus den Häuserschluchten nach oben und legt sich wie
eine warme Decke über die Stadt. Dann braucht nur noch ein
gar nicht besonders eindrucksvoller Sturm vorbeizukommen.
Der tankt aus der Wärme Energie und wird dadurch gleich
viel heftiger. So wird ein harmloses Gewitter leicht zu einem
gewaltigen Naturschauspiel mit Wolkenbrüchen, krachendem
Donner und Blitz-Rekorden.

Das ist aber noch nicht alles. Auch den Dreck der Städte schätzen Gewitter. Aus den Schornsteinen und Auspuffen
quellen jeden Tag unzählige winzige Schmutzteilchen in die

Luft. Diese finden sich später in den Wolken wieder. Und dort schlagen sich an jedem Teilchen kleine Wassertropfen nieder. Die aber erzeugen mehr Elektrizität als große Tropfen. Und schon gibt es noch mehr Blitze.

Umspannwerke für die Stromversorgung mitten in eine Stadt zu bauen, ist daher keine besonders gute Idee. Denn jeder Blitzschlag, der sie trifft, kann zu einem Stromausfall führen. Und wenn die Städter schon so oft aus dem Freibad flüchten müssen, wollen sie ja anschließend nicht auch noch im Dunkeln sitzen.

Fliegende Flaschenöffner

Hektik, Menschenmassen und dann auch noch so viele Gewitter – irgendwie klingt das nicht nach einem wirklich tollen Platz zum Leben. »Ich weiß schon, warum ich hier weit weg von jeder Stadt hinter dem Deich lebe«, brummelt der Seebär. Andererseits haben Städte durchaus auch ihre Vorteile, die viele Tiere zu schätzen wissen. Es ist zum Beispiel nicht besonders schwer, genug zu fressen zu finden. Mülleimer, Komposthaufen, Vogelhäuser, der weggeworfene Döner-Rest im Rinnstein: Überall findet man was zu fressen.

Manchmal allerdings machen die menschlichen Stadtbewohner den Tieren einen Strich durch die Rechnung. Das ist zum Beispiel den Vögeln in britischen Städten und Dörfern passiert. Dabei hatten sie sich so an ein nahrhaftes Frühstück gewöhnt! Noch Anfang des 20. Jahrhunderts stellten englische Milchlieferanten die vollen Flaschen morgens einfach vor die Tür ihrer Kunden. Und zwar offen. Für Meisen und Rotkehlchen war das ein Schlaraffenland: Die kleinen Vögel brauchten nur den Kopf in die Flaschen zu stecken und den Rahm von der Milch zu fressen.

Eines Tages aber schien es vorbei zu sein mit dem morgend-

lichen Genuss: Die Flaschen standen zwar nach wie vor da. Blöderweise waren die Lieferanten aber auf die Idee gekommen, sie mit Deckeln zu verschließen. Die meisten Rotkehlchen gaben daraufhin auf und stillten ihren Hunger anderswo. Kohl- und Blaumeisen aber dachten gar nicht daran, auf den gewohnten Rahm zu verzichten. Wozu hatten sie schließlich geschickte Schnäbel? Ein bisschen Picken und Zerren und schon gab der störende Verschluss nach.

Erst waren es nur ein paar Vögel, die auf diesen Trick kamen. Doch Meisen sind gesellige Tiere, die durchaus voneinander lernen können. Wenn ein Artgenosse eine gute Idee hat, warum sollte man sie nicht selbst auch ausprobieren? Das Aufpicken der Verschlüsse wurde zu einem regelrechten Trendsport. Schon Anfang der 1950er-Jahre waren fast alle der gut eine Million britischen Blaumeisen begeisterte Flaschenöffner. Heute ist das milchige Schlaraffenland aber längst schon wieder Geschichte. Inzwischen haben die Molkereien viel stabilere Deckel eingeführt, durch die kein Meisenschnabel mehr durchkommt. Die Tiere müssen sich also ein anderes Frühstück suchen.

Kopfrechnen: sehr gut

Auch andere Vögel haben Talente, die man ihnen gar nicht zutrauen würde. »Wenn man in einem Garten eine Schar Hühner scharren sieht, wirken die ja nicht unbedingt wie die Einsteins der Tierwelt«, meint der Seebär. Doch Hühner sind erstaunlich gut im Kopfrechnen. Schon kleine Küken können einfache Aufgaben lösen.

Das haben italienische Forscher herausgefunden, als sie frisch geschlüpften Hühnern ein paar der gelben Plastikbehälter aus Überraschungseiern in den Käfig hängten. Diese Kapseln finden Küken hochinteressant. Das könnte daran liegen, dass die Dinger so klein und gelb sind wie sie selbst. Vielleicht sehen die Vogelkinder darin Artgenossen, mit denen sie Kontakt aufnehmen wollen. Jedenfalls sind die Kapseln gute Hilfsmittel, wenn man die Tiere zum Rechnen bringen will.

Zwei Tage hatten die Küken Zeit, sich an die fünf künstlichen Gefährten zu gewöhnen, die von der Decke ihres Käfigs baumelten. Dann ließen die Wissenschaftler die Kapseln vor ihren Augen hinter zwei undurchsichtigen Pappstücken verschwinden. Problemlos erkannten die Vögel, hinter welcher Trennwand drei der beliebten Kunststoffbehälter warteten und hinter welcher nur zwei. Spontan liefen sie zu der Seite mit der größeren Anzahl.

Das war ja noch nicht so schwierig. Als Nächstes aber gab es eine härtere Nuss zu knacken. Zunächst legten die Forscher vier Kapseln hinter den linken und eine hinter den rechten Sichtschutz, dann ließen sie zwei der Gegenstände von links nach rechts wandern. Für die Küken, die diese Vorgänge aufmerksam verfolgt hatten, war nun Kopfrechnen angesagt: Auf der linken Seite befanden sich 4-2=2 Kapseln, rechts dagegen 1+2=3. Wieder konnten die gefiederten Mathematiker ohne Schwierigkeiten bestimmen, wo nun die größere Menge lag.

Zahlen von eins bis fünf zusammen-
zuzählen oder voneinander abzuzie-
hen, scheint für Hühner also keine
besondere Herausforderung zu sein.
Vielleicht können sie sogar bis acht
oder zehn rechnen, überlegen die
Forscher. Mit so großen Zahlen haben sie es in ihrem Alltag schließlich andauernd zu tun: Aus einem
Gelege können durchaus zehn Ge-
schwister schlüpfen. Vielleicht er-
klärt das, warum die gefiederten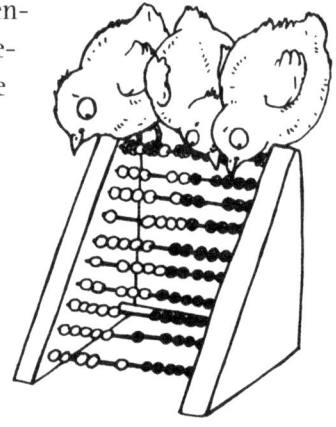
Rechenkünstler sogar etliche Affen in die Tasche stecken. Die
sind in Versuchen schon mal leicht überfordert, wenn Zahlen
größer als drei ins Spiel kommen. Dabei sind sie doch eigentlich viel intelligenter als jedes Federvieh.

Kampf gegen Karies

Auch wenn sie es mit Zahlen manchmal nicht so haben, auf
anderen Gebieten sind Affen echte Genies. Wer hätte zum
Beispiel gedacht, dass sie Zahnseide benutzen? Zahnärzte haben ja schon genug Mühe, ihre menschlichen Patienten zum
Einsatz dieser reinigenden Fäden zu überreden. Kleine Javaner-Affen lernen die Grundzüge der richtigen Gebisspflege
dagegen bereits von ihren Müttern. Zumindest, wenn sie in
der thailändischen Stadt Lopburi aufwachsen.

Dort gibt es ein buddhistisches Heiligtum, das auch viele
Touristen besuchen. Rund um die Tempelanlage hat sich eine
Gruppe von rund 200 Javaner-Affen eingerichtet. Wo vie-
le Menschen sind, fällt ja immer auch der eine oder andere
Leckerbissen ab. Und nicht nur das. Es war im Jahr 2004,
als neun erwachsene Weibchen mit regelrechten Überfällen

auf Touristinnen von sich reden machten. Sie sprangen ihren Opfern auf den Kopf und rissen ihnen ein paar Haare aus. Mit der Beute in der Hand hockten sie sich dann an eine ruhige Stelle und begannen mit der Zahnpflege. Sie hielten ein Haar straff zwischen beiden Händen und fädelten es in die Lücken in ihrem Gebiss. Wenn sie es dann kräftig durch so einen Zwischenraum zogen und dann wieder aus dem Mund nahmen, konnten sie zwischen den Zähnen hängende Futterreste gut entfernen.

Das hat sich in Affenkreisen herumgesprochen: Bis zum Jahr 2008 hatten sich schon rund 50 Tiere zu Zahnseide-Fans entwickelt. Und es dürften noch mehr werden. Japanische Forscher haben nämlich beobachtet, dass Affenmütter besonders sorgfältig fädeln, wenn ihre Kinder zuschauen. Sie machen zwischendurch immer mal wieder eine Pause, wiederholen die einzelnen Schritte und beschäftigen sich insgesamt länger mit ihrer haarigen Zahnseide als normalerweise. Der Nachwuchs soll schließlich lernen, wie es geht. Wenn sich die Affenbande dann für die Nacht in ein nahe gelegenes Waldstück zurückzieht, sind die Kleinen auf ihrem Weg zum Zahnpflegeexperten vielleicht schon ein Stück weitergekommen.

Musik im Park

Während in der Affengesellschaft nachts Ruhe herrscht, drehen andere Stadtbewohner zu dieser Zeit erst richtig auf. Im Schlosspark von Berlin-Biesdorf zum Beispiel findet in den Spätsommer- und Herbstnächten ein ganz eigener Musikwettbewerb statt. Zum Casting sind nur Kandidaten eingeladen, die ein rostbraunes Fell und Flügel vorweisen können. Und statt im Rampenlicht zu stehen, hocken die Sänger in den Fledermaus- und Vogelkästen an den Parkbäumen und schmettern von dort aus ihre Lieder in die Nacht. Komische Regeln für ein Konzert. Doch die Großen Abendsegler suchen auf genau diesem Weg den Superstar der Fledermauswelt.

Auch Biologen wissen noch nicht lange, dass es solche nächtlichen Musikfestivals überhaupt gibt. Fledermäuse galten schließlich nicht unbedingt als die begabtesten Sänger der Tierwelt. Sie waren höchstens für das laute Geschrei bekannt, das sie für ihre Echoortung brauchen.

Der Harem des Meistersängers

Anders als die extrem hohen Töne dieses Fledermaus-Navigationssystems kann man diese abendlichen Konzerte auch ohne technische Hilfsmittel belauschen. Ein echter Kunstgenuss ist es für menschliche Ohren allerdings nicht. Was da aus den Kehlen der Sänger kommt, klingt eher nach einem kläglichen Fiepen als nach der Darbietung eines Superstars. Doch die Berliner Biologin Silke Voigt-Heucke hat mal genauer hingehört. Sie hat die Gesänge von verschiedenen Abendsegler-Männchen aufgenommen, um sie im Computer genau zu untersuchen und zu vergleichen. Dabei staunte sie nicht schlecht: von wegen langweiliges Gefiepe!

Die Tiere haben komplizierte Kompositionen aus einzelnen Strophen und Motiven auf Lager, mit denen sie sich sogar vor den Gesangstalenten von Vögeln nicht verstecken müssen. Und es singt auch keineswegs jedes Männchen gleich: Jeder der Kandidaten scheint sich die einzelnen Elemente nach seinen eigenen Vorstellungen zusammenzustellen und immer mal wieder neue Melodien zu erfinden. Kreativ sind sie also auch noch!

Was bleibt ihnen auch anderes übrig? Schließlich nehmen sie nicht zum Spaß an der nächtlichen Talent-Show teil. Sie wollen mit ihrem Vortrag ja die Konkurrenz ausstechen. Der Sängerwettstreit findet nämlich zwischen Mitte August und Mitte Oktober statt, wenn bei den großen Fledermäusen Paarungszeit ist. In diesen Wochen haben die Männchen für andere Männchen wenig übrig: Nicht auszudenken, wenn ein attraktives Weibchen vorbeikommt und nicht einen selbst, sondern den Nachbarn für den Traumprinzen hält! Da gilt es vorzubeugen. Also besetzt jeder der flatternden Romeos einen eigenen Vogelkasten, den er mit seinem Gesang gegen Rivalen verteidigt.

Gleichzeitig versucht er mit dieser Darbietung auch noch, das andere Geschlecht zu beeindrucken und so viele Partnerinnen wie möglich anzulocken. Vielleicht können die Weibchen beim Zuhören ja sogar feststellen, welches Männchen ein besonders begehrenswerter Partner wäre. Da muss man sich schon ein bisschen Mühe geben, um sein Talent zu zeigen. Doch die Anstrengung lohnt sich. Mit etwas Glück kann so ein Meistersänger nämlich eindrucksvolle Erfolge landen: Im Kasten eines Abendseglers in Biesdorf drängten sich eines Tages nicht weniger als 17 Weibchen. Superstars scheinen auch in Fledermauskreisen gut anzukommen.

Hör mal, wer da knurrt

Andere Stadtbewohner sind für Menschen allerdings viel leichter zu verstehen als ausgerechnet Fledermäuse. Hunde zum Beispiel. Ein gefährliches Grollen aus tiefster Kehle? Alles klar, das kann nur eins heißen: »Nimm dich bloß in Acht!« Spaziergänger und Briefträger wissen das genauso gut wie andere Hunde. Für die Artgenossen steckt in so einem Knurren allerdings noch mehr. Sie können nämlich heraushören, ob der Kerl mit der schlechten Laune ein ernst zu nehmender Gegner oder nur eine halbe Portion ist.

Bevor sie sich auf einen Kampf einlassen, versuchen viele Tiere erst einmal, die Kräfte ihres Gegners einzuschätzen. Vielleicht ist es ja doch besser, sich aus dem Staub zu machen, statt in einer aussichtslosen Prügelei Gesundheit und Leben zu riskieren? Um das zu entscheiden, kann man natürlich nach dem Aussehen gehen: Hat man einen bulligen Widersacher mit Bodybuilding-Figur vor sich, ist wohl Rückzug angesagt. Was aber, wenn man den Feind nicht so genau sieht, weil er zum Beispiel in einem Garten hinter der Hecke hockt? Reingehen oder nicht? Die Stimme kann Hunden da schon aus der Entfernung wichtige Hinweise liefern. Denn wie das Knurren klingt, hängt von der Größe des Tieres ab. Entscheidend sind vor allem die Länge der Luftröhre und der Bau von Mund- und Nasenhöhle. Große Hunde knurren dann eben um einiges tiefer als kleine.

Sag mir, wer du bist

Aus diesen Unterschieden ziehen die Vierbeiner durchaus ihre Schlüsse. So haben britische Forscher etliche Hunde in deren Zuhause besucht und ihnen Knurren vom Band vorgespielt. Die Laute hatten sie dabei so manipuliert, dass sie mal nach einem großen und mal nach einem kleinen Artgenossen klangen. Und das war vor allem für große Hunde interessant: Hörten sie das typische Knurren eines kleineren Tieres, machten sie sich meist gleich auf die Suche nach dem unverschämten Eindringling. Hielten sie den Fremden dagegen für größer als sich selbst, reagierten sie eher zurückhaltend.

Dabei haben die Tiere wohl ein ziemlich genaues Bild von ihrem Gegner im Kopf. Das wiederum haben Forscher aus Österreich und Ungarn mit einem Test herausgefunden. Sie spielten den Vierbeinern ein Knurren vor und hielten ihnen dazu zwei Bilder vor die Nase. Das eine Foto zeigte ein Tier, dessen Größe zur Stimme passte. Auf dem anderen war der gleiche Hund zu sehen, allerdings vergrößert oder verkleinert. Davon aber ließen sich die meisten vierbeinigen Versuchsteilnehmer nicht verwirren. Sie schauten viel schneller und länger auf den Artgenossen mit dem richtigen Körperbau. Dabei achteten sie auch nicht nur auf die Größe, es musste schon auch ein Hund auf dem Foto zu sehen sein. Bilder von ähnlich großen Dreiecken beachteten sie meist gar nicht weiter. Katzenmotive dagegen weckten durchaus Interesse, allerdings unabhängig von ihrer Größe. Hunde erkennen also nicht nur mühelos ihre Artgenossen und Lieblingsfeinde auf Bildern. Sie wissen auch, dass Katzen normalerweise nicht knurren.

Harte Nüsse 10

Das viele Reden hat den Seebären müde gemacht, ihm fallen fast die Augen zu, Mitternacht ist längst vorbei. »Schluss für heute«, brummelt er. Morgen ist schließlich auch noch ein Tag, vielleicht gibt er dann noch ein paar unglaubliche Geschichten zum Besten. »Heute aber nicht mehr, gleich geht's ab in die Falle«, gähnt er und schielt bereits zum Bett. Für ein Rätsel aber reicht die Zeit noch. Bevor er seinen Matratzen-Horchdienst beginnt, wie Seeleute die Zeit in der Koje schon mal nennen, also noch ein wenig Denksport:

In der Nähe der Stadt Oberndorf am Neckar liegt die Autobahn zwischen Stuttgart und dem Bodensee heute rund zwei Meter höher als bei der Verkehrsfreigabe 1978. Was hat es mit dieser wachsenden Autobahn auf sich?

a) Der Boden unter den Fahrbahnen quillt auf und schiebt so den Asphalt in die Höhe.

b) Die häufigen Erdbeben in dieser Gegend haben zwischenzeitlich den Untergrund stark angehoben.

c) Seit die Autobahn in Betrieb ging, beschert der Klimawandel der Region im Winter immer häufiger Wetterlagen, bei denen sich beißender Frost und Tauwetter abwechseln. Schmelzwasser friert daher oft in kleinen

Rissen und sprengt so Schlaglöcher in den Asphalt. In jedem Frühjahr trägt das Autobahnamt daher eine rund sechs Zentimeter dicke, neue Asphaltdecke auf. Zwischen 1978 und 2012 wuchs der Asphalt so auf eine Dicke von mehr als zwei Metern.

Die richtige Lösung steht auf Seite 182.

Harte Nüsse – geknackt

Kapitel 1   Wie kommen Tintenfische an eine Partnerin?

Richtig ist Antwort a.

Benachteiligte Männchen versuchen, möglichst wie ein Weibchen auszusehen. Sie verstecken ihr viertes Armpaar, das bei Männchen besonders lang und auffallend weiß ist. Ihre Haut nimmt die typische gesprenkelte Färbung der Weibchen an, ihr Körper deren Haltung bei der Eiablage. Dieser Trick funktioniert recht gut: In etwa der Hälfe aller Annäherungsversuche kommen sie am eifersüchtigen Bewacher der Weibchen vorbei.

Kapitel 2   Was sind Palmendiebe?

Richtig ist Antwort c.

Palmendiebe sind Krebse, die aussehen, als hätte sie ein fantasiebegabter Drehbuchschreiber für Horrorfilme erfunden. Ihr Körper bringt es auf 40 Zentimeter Länge und fünf Kilogramm Gewicht und zwischen den ausgestreckten Beinen haben Wissenschaftler schon Spannweiten von bis zu einem Meter gemessen. Palmendiebe gelten damit als größte Krebse, die je das Land erobert haben. Trotzdem klettern sie recht geschickt auf Palmen und entwenden die dort wachsenden Kokosnüsse. Mit ihren kräftigen Scheren können sie nicht nur diese Beute knacken, sondern auch knapp 30 Kilogramm schwere Felsbrocken in die Höhe stemmen.

Kapitel 3   Warum gab es in Indien grünen Regen?
Richtig ist Antwort b.
Tatsächlich kam die Farbe des bunten Regens von Bienenkot. Möglicherweise hatten die ersten Monsunregen ihn einfach von den Blättern der Bäume gewaschen. Vielleicht stammte er aber auch von einem großen Schwarm wandernder asiatischer Honigbienen, der gerade über die Stadt flog.

Es war jedenfalls nicht der erste Fall, in dem Bienen für bunten Regen sorgten. Einmal hat das sogar zu politischen Streitigkeiten geführt. 1981 behauptete die Regierung der USA, Russland habe in der Grenzregion der asiatischen Länder Laos und Kambodscha Biowaffen eingesetzt und damit gegen Verträge zur Rüstungskontrolle verstoßen. Damals dauerte es sechs Jahre, bis ein Wissenschaftler die verdächtige Substanz als Bienenkot entlarvte.

Kapitel 4   Wie sieht die Begegnung mit einem Brockengespenst aus?
Richtig ist Antwort c.
Ein Brockengespenst entsteht, wenn der eigene Körper einen Schatten auf eine Nebelwand wirft. Dieser Schatten sieht nicht nur viel größer aus als der Mensch selbst, er wirkt auch viel unheimlicher. Denn wenn der Wind die Nebelschleier bewegt, scheint auch die Gestalt darin geheimnisvoll zu wabern.

Das funktioniert natürlich nicht nur auf dem Brocken. Doch das war im 18. Jahrhundert einer der ersten Orte, an denen Naturkundler solche Erscheinungen beobachtet und beschrieben haben. Und mit rund 300 Nebeltagen im Jahr hat

man dort auch besonders gute Chancen, seinem geisterhaften
Schatten zu begegnen.

Kapitel 5   Wodurch kann eine Wüste entstehen?

Richtig ist Antwort c.

Die Namib-Wüste an der Küste des südlichen Afrika entsteht,
weil das Meer davor sehr kühl ist. Dadurch kühlt sich auch die
Luft über den Wellen so stark ab, dass fast alles Wasser aus-
kondensiert und als Nebel auf dem Meer oder auf den ersten
Kilometern des Landes eingefangen wird. Weiter im Landesin-
neren fehlt dieses Wasser und damit auch der Regen.

Kapitel 6   Welches Material haben Forscher an den
              Flüssen Madagaskars entdeckt?

Richtig ist Antwort a.

Spinnen haben unter Materialforschern ohnehin schon viele Fans. Denn ihre Fäden sind um ein Vielfaches stabiler als
ein ähnlich dicker Stahldraht und gleichzeitig elastischer als
Gummi. Alle bisher bekannten Kunstfasern dagegen sind entweder stabil oder elastisch, aber nicht beides gleichzeitig. Seit
Jahren versuchen Wissenschaftler daher, Spinnseide als Vorbild für neue Fasern zu nutzen.

Die Spinne, die Forscher an den Flüssen Madagaskars ent-
deckt haben, stellt ihre Kolleginnen aber noch weit in den
Schatten. Da sie ihre großen Netze an bis zu 25 Meter langen
Halteleinen quer über die Wasserfläche spannt, müssen die
Fäden extrem stabil sein. Obwohl sie an schwankenden Zweigen befestigt sind, sollen sie schließlich das Gewebe mitsamt
der darin sitzenden Spinne halten. Und das Ganze soll weder
durchhängen noch abreißen und ins Wasser fallen – egal, ob
Wind und Regen daran zerren oder große Insekten in vollem
Flug dagegenprallen. Die Seide der madagassischen Achtbei-
ner ist daher mehr als doppelt so stabil wie die aller anderen

bisher untersuchten Spinnen und mehr als zehnmal so strapazierfähig wie besonders stabile Kunstfasern.

Kapitel 7   Warum hört man im Südpolarmeer manchmal geheimnisvolle Gesänge?

Richtig ist Antwort b.

Bei einer Lauschaktion im Südpolarmeer haben Wissenschaftler des Alfred-Wegener-Instituts in Bremerhaven mit Unterwassermikrofonen heulende Klänge aufgezeichnet. Erst konnten sie die gar nicht zuordnen, denn weit und breit war kein Tier oder Schiff in der Nähe. Erst als die Kamera der Beobachtungsstation einen vorbeitreibenden Eisberg zeigte, war klar: Auch die gefrorenen Riesen können singen. Wie sie das genau machen, weiß aber noch niemand.

Kapitel 8   Warum können Degus UV-Licht sehen?

Richtig ist Antwort b.

Um sich zu orientieren und ihr Territorium abzugrenzen, markieren Degus ihre Hauptwege und Versammlungsplätze mit Urin. Solange diese Spuren frisch sind, reflektieren sie die UV-Anteile des Lichtes viel stärker als die längerwellige Strahlung. Bei altem, eingetrocknetem Urin ist es umgekehrt. Die Nager können also sehen, wo sich vor Kurzem Artgenossen aufgehalten haben. Das ließe sich zwar auch anhand des Geruchs herausfinden. Der aber wird leicht vom Wind verweht. Deshalb ist es besser, sich auf seine Augen zu verlassen. Diese Erklärung könnte auch für andere UV-sehende Nagetiere wie Ratten und Mäuse zutreffen.

Kapitel 9   Was macht den Kaffee Kopi Luwak so besonders?

Richtig ist Antwort c.

Die ungewöhnlichen Kaffeebohnen stammen tatsächlich aus dem Katzenklo. Lieferant für Kopi Luwak ist der Fleckenmusang, eine nachtaktive Schleichkatze, die gern Kaffeefrüchte frisst. Sie kann allerdings nur das Fruchtfleisch verdauen, die Bohnen scheidet sie wieder aus. Diese werden dann eingesammelt, gewaschen und geröstet. Durch chemische Prozesse im Darm der Tiere haben sich ihre Eigenschaften verändert, was dem Kaffee seinen besonderen Geschmack verleiht.

Kapitel 10   Warum ist die Autobahn zwischen Stuttgart und dem Bodensee heute rund zwei Meter höher als bei der Verkehrsfreigabe 1978?

Richtig ist Antwort a.

Als die Autobahn gebaut wurde, fanden die Planer im Untergrund ein Mineral, das Geoforscher »Anhydrit« nennen. Eine Tonschicht hatte dieses Mineral vorher vor dem Wasser aus Niederschlägen und Bodenfeuchte geschützt. Beim Bau wurde diese Schutzschicht beschädigt, seither saugt sich das Anhydrit mit Wasser voll und quillt dabei um rund sechzig Prozent auf. Dieses Quellen hat die darüberliegende Autobahn seither um durchschnittlich zwei Meter angehoben.

Glenn Murphy

Das Panik-Buch
Warum wir im Dunkeln Angst haben und Spinnen gruselig sind

Wir leben in einer Welt voller Killerbakterien und fiesen Getiers, das uns ins Jenseits befördern will. Ständig müssen wir damit rechnen, von Blitzen oder Meteoriten erschlagen zu werden. Kurzum: das „Böse" lauert immer und überall. Oder doch nicht?

Glenn Murphy zieht auf humorvolle Art irrwitzigen Angstmythen den Giftzahn und vermittelt seinen Lesern Wissen, das der Angst den Schrecken nimmt.

296 Seiten • Klappenbroschur
ISBN 978-3-401-06730-8
www.arena-verlag.de

Glenn Murphy

Das Ur-Ur-Urschleim-Buch
Warum Ur-Ur-Opa ein Nager war und die Dinos nicht mehr wiederkommen

Sind Menschen Tiere, Affen oder einfach nur Leute? Wenn alle Säugetiere Milch geben können, geben Kängurus dann Milchshakes? War mein Ur-Urgroßvater ein Wurm? Oder eher eine Spitzmaus?
Glenn Murphy ist Darwin auf den Fersen und ergründet das Mysterium des Lebens: Auf unübertroffen witzig-charmante Art gibt er Einblicke in die Wissenschaftsgeschichte der Biologie und zeigt, wie sich das Leben auf der Erde entwickelte.

208 Seiten • Klappenbroschur
ISBN 978-3-401-06780-3
www.arena-verlag.de